数字经济时代的创业前沿系列

商业模式创新实践的微观基础

杨 俊 韩 炜 叶竹馨 周冬梅 著

国家自然科学基金重点项目"新创企业商业模式形成与成长路径"（71732004）与国家自然科学基金重点项目"创业网络对新创企业发展的作用及影响机理"（72032007）联合资助

科学出版社

北京

内 容 简 介

作为与企业价值创造逻辑紧密关联的理论构念，商业模式在过去十余年里迅速成为学术界和实践界共同关注的前沿热点话题，本书聚焦商业模式创新的微观基础和管理挑战这一时代命题，依托 CPSED Ⅱ 数据库展开理论分析，旨在勾勒我国新兴企业商业模式创新实践的理论素描，凝练有价值的科学问题并推动商业模式相关研究深化发展，倡导并启发企业家理性地开展商业模式创新。

本书适合正在或打算从事创业管理、战略管理等领域研究的研究人员，也适合创业者等正在开展商业模式创新的实践人士。

图书在版编目(CIP)数据

商业模式创新实践的微观基础/杨俊等著. —北京：科学出版社，2024.3
（数字经济时代的创业前沿系列）
ISBN 978-7-03-077180-3

Ⅰ.①商… Ⅱ.①杨… Ⅲ.①商业模式–研究 Ⅳ.①F71

中国国家版本馆 CIP 数据核字(2023)第 235033 号

责任编辑：陈会迎／责任校对：贾娜娜
责任印制：赵　博／封面设计：有道设计

科学出版社 出版
北京东黄城根北街 16 号
邮政编码：100717
http://www.sciencep.com
北京科印技术咨询服务有限公司数码印刷分部印刷
科学出版社发行　各地新华书店经销
*
2024 年 3 月第 一 版　开本：720×1000 1/16
2025 年 10 月第二次印刷　印张：9
字数：181 000
定价：108.00 元
（如有印装质量问题，我社负责调换）

总　序

党的十八大以来，创新驱动发展战略不断深化实施，高质量发展已成为我国经济社会发展的主旋律，党的二十大进一步将高质量发展与中国式现代化建设融合，高质量发展是新时代中国产业和企业未来发展的必由之路。创新驱动显然是企业实现高质量发展的客观要求，但驱动企业高质量发展的创新内涵具有很强的时代性。

回顾人类经济社会发展历史，技术变革是推动产业和企业转型发展的根本力量，产业和企业转型发展在很大程度上主要表现为组织和管理创新，每轮技术变革都会催生出组织和管理范式变革。以蒸汽机和铁路为代表的技术革命让人类告别手工作坊时代，以"直线职能制"为典型的现代企业迅速登场；以电力和钢铁为代表的技术革命让企业告别经验式管理逻辑，以"科学管理"为代表的现代工厂管理逻辑快速普及；以汽车与石油为代表的技术革命让企业逐渐放弃"直线职能制"的组织形式，以"战略—结构"为核心组织逻辑同时容纳多个事业部的现代公司成为主导，也是在这一时期，企业与公司之间才有了组织和管理含义上的根本区别。

20世纪90年代以来，我们正在经历以"信息、通信和数字技术"为核心的新一轮技术革命，尽管关于"什么是信息数字时代赋予的公司属性，或者说信息数字时代赋予了公司什么新的时代烙印"这一关键问题的理论和实践探索还在继续，但企业价值创造逻辑从封闭走向开放、从组织内走向组织间、从边界管理到跨边界管理的变化逐渐成为共识，这一变化根植于互联网、信息和数字等新兴技术的基本属性，同时又超越技术本身诱发了复杂而系统的管理挑战。正是在这一背景下，与其他新兴管理概念一样，商业模式在21世纪初迅速成为理论界和实践界探索并归纳新兴公司实践的重要概念，商业模式成为分析并理解企业间行为和绩效的新分析单元，这一判断开始得到主流学者的普遍认同。因为融合了时代之新，商业模式研究富有很强的挑战性，这一前沿话题还没有在创业领域特别是组织和战略领域获取充分学术合法性，不少学者还在争论商业模式与经典组织和战略概念之间的差别，同时尽管商业模式研究文献增长迅猛，但因难以被观测和测度等基础性难题，研究问题宽泛、理论积累高度零散等问题非常突出。2017年，我设计的研究课题"新创企业商业模式形成与成长路径"获得国家自然科学基金重点项目资助，在研究过程中不断向专家同行请教学习，努力独辟蹊径来克服商业模式研究面临的理论挑战，决定从解决商业模式难以被观测和测度这一基本问题入手来破题，设计并组织建设了中国创业企业成长动态跟踪数据库（Chinese Panel Study of Entrepreneurial Development，以下简称为 CPSED Ⅱ 数据库），从最初设计至今，组织研究团队持续七年多不断建设并完善数据库。数据库建设为课题研究提供了支持，更为重要的是为我们了解并洞察中国新兴企业的商业模式创新实践并从中进一步凝练和探索有价值的科学问题提供了重要基础。

结合数据库建设和开发，2018 年 7 月 5~6 日，我邀请中国人民大学郭海教授、中山大学李炜文教授、西南政法大学韩炜教授、暨南大学叶文平教授、华中科技大学叶竹馨副教授等在天津召开了国家自然科学基金重点课题专家论证会暨 CPSED Ⅱ 数据联合开发学术研讨会，基于数据库联合开发的合作机制达成共识，组建创业研究青年学术联盟。随后，上海大学于晓宇教授、中国科学技术大学乔晗教授、浙江大学沈睿研究员、电子科技大学周冬梅副教授等加入创业研究青年学术联盟。我们每年召开两次研讨会，聚焦数据库开发讨论研究想法和设计、交流并相互启发基于数据库形成的工作论文……直到 2020 年初因新冠疫情而被迫暂停线下研讨，但线上讨论和交流一直在持续。结合不断的交流和研讨，我们不断在追问的是除了互联网和数字技术等技术因素，还有些什么是驱动企业商业模式创新的根本基础？因为互联网和数字技术等新技术应用固然重要，但我们仍可以发现不少新商业模式脱生于工业时代，商业模式创新可能并非简单的技术应用问题，而是管理问题，甚至可能是驱动组织和管理范式转变的重要问题。于是，我们决定结合 CPSED Ⅱ 数据库的统计分析，"四维一体"地讨论企业商业模式创新的根本基础：以企业领导班子如何驱动商业模式创新为核心的微观基础；以组织间网络如何驱动商业模式创新为核心的网络基础；以组织内结构如何驱动商业模式创新为核心的组织基础；以技术创新如何驱动商业模式创新为核心的技术基础。

基于这些想法，我们在分工协作基础上共同完成呈现在各位朋友面前的四部专著。我主导执笔完成《商业模式创新实践的微观基础》，聚焦于企业领导班子如何驱动商业模式创新；西南政法大学韩炜教授主导执笔完成《商业模式创新实践的网络基础与理论挑战》，聚焦于组织间网络与商业模式创新的互动机制；电子科技大学周冬梅副教授主导执笔完成《商业模式创新实践的技术基础与理论挑战》，核心是技术创新驱动商业模式创新的可能机制；华中科技大学叶竹馨副教授主导执笔完成《商业模式创新实践的组织基础与理论挑战》，主要从组织结构特别是顶层设计角度讨论诱发商业模式创新的组织基础。这四本专著角度不同但又相互关联，我们希望能借此更加系统地勾勒商业模式创新的微观机制与管理挑战，更希望能结合数据库的事实分析与学术讨论，进一步发现并提出值得研究的有价值的问题，对商业模式研究特别是基于中国企业实践的相关研究起到一定的推动作用。

在书稿设计、写作和修改过程中，得到了不少朋友和同行的指导和帮助，他们建设性的意见和建议已经体现在书稿的设计中，在此一并表示感谢！书稿的出版也得益于科学出版社老师在编校、出版过程中给予的大力支持和帮助！更为重要的是，特别感谢南开大学张玉利教授、加拿大约克大学谭劲松教授、新加坡管理大学王鹤丽教授、美国圣路易斯大学汤津彤教授等资深专家在 CPSED Ⅱ 数据库建设中给予我们的学术指导！

我总体设计了数据库架构并牵头组织互联网和相关服务（行业代码为 I64）与软件和信息技术服务业（行业代码为 I65）的新三板企业编码和问卷调查，西南政法大学韩炜教授牵头组织制造业（行业代码为 C1*、C2*）新三板企业的编码。特别感谢参与编码和问卷调查工作的老师和同学：云乐鑫、迟考勋、薛鸿博、何良兴、李艳妮、张咪、马文韬、李好、王心妍、于颂阳、叶詠怡、陈梦尧、高子茗、郝若馨、胡晓涵、李思琦、李一诺、梁智欣、曲帅鹏、任雅琪、孙羽杉、唐语崎、童强、万怡、王巍、王勇、王博文、王霄汉、王庄岚、温馨、肖雯轩、闫锦、张淇、张云、张媛媛、赵凯悦、赵煜豪、朱紫琪、赵伟、马文韬、常森、胡新华、邓渝、李苑玲、戴中亮、姜筱琪、郑智文、黄小凤、喻毅、王寒、刘东梅、冯媛、彭靖、李磊、郑梦、姜娜、刘士平、刘夏青、杨瑞晗、廖书豪、黄小毅、任小敏、程荣波、张兢、崔海洲、李唐鑫、苟颖、蔡振博、蔡梓奇、程汸铌、代小云、邓静怡、杜梦强、甘振华、何泓烨、胡鸿渐、黄岩森、黄一洋、黎雨杰、李璐、李小晴、李雪珺、李垚鑫、李易燃、刘津宜、刘新宇、沈梦菲、孙聪、孙铭英、唐林、汪燎原、王伶鑫、王芮、王宇、翁树弘、向栩毅、谢菲、徐鑫、杨倩、杨星、应丹迪、游玉莹、张婷、赵莹、周科、周如林、邹朋、邹旭瑞！特别感谢陈登坤先生、戴元永先生、李源林先生、谢运展先生、张文彬先生、张炎德先生等企业家在问卷调查方面给予的大力支持和帮助！

杨　俊
浙江大学管理学院
2022 年 11 月 30 日于杭州

前　言

步入 21 世纪以来，商业模式创新实践在全球范围内掀起一股强劲热潮，不少新创企业借助新商业模式实现了快速的颠覆式成长，商业模式创新问题迅速成为理论和实践共同关注的热点问题。早期研究将商业模式创新归结为互联网等新兴技术的应用，强调新技术在促进新创企业价值创造逻辑创新中的突出作用，这本身没有错误，但这些研究却过分强调技术而忽视了企业领导班子在推动商业模式创新中的重要作用，导致已有研究难以充分解释"在相似技术条件下为什么有的新创企业成功创新商业模式而另一些却不能"这一重要而基础的问题。事实上，尽管信息社会数字经济时代，商业模式创新变得更加普遍而频繁，但不少新商业模式诞生于工业时代，商业模式创新不仅是新技术应用问题，更是一个系统而复杂的决策和管理问题，而企业领导班子恰恰是决策和管理的关键主体。

近年来，理论界开始重视探索并挖掘企业领导班子在诱发并促进商业模式创新中的作用机制，尽管涌现了不少很有启发性的研究，但研究深度还很不够。这主要体现在大多数研究依托案例研究为主要手段，尽管案例研究有助于提炼并挖掘可能的影响机制，但研究结论很难在更大范围内进行检验和验证。为此，本书依托 CPSED Ⅱ 数据库展开统计分析，并在统计分析基础上开展理论归纳和讨论，试图勾勒我国新兴企业商业模式创新实践的一般状况，同时探索并提炼企业领导班子是否以及如何影响商业模式创新实践的微观机制。

CPSED Ⅱ 数据库是以 1675 家 2013~2016 年的新三板挂牌企业为研究对象，采用文本编码和问卷调查相结合的研究设计，以公开招股书为时间起点（T_0）、以年度报告为时间序列（T_n）构建的动态跟踪数据库。借用实验研究中实验组和对照组的设计思路，将 1675 家企业分成两组：一组是实验组，包括 969 家隶属于软件和信息技术服务业（行业代码为 I65）与互联网和相关服务行业（行业代码为 I64）的新三板挂牌企业，这是研究的主要对象，也是理论构建和检验的主要情境；另一组是对照组，包括 706 家隶属于制造业（行业代码为 C1*、C2*）的新三板挂牌企业，是研究发现和结论向传统行业情境的进一步补充检验和拓展。这一数据库为我们了解并描述我国新兴企业的商业模式创新实践提供了重要的数据基础。

本书主要采用 CPSED Ⅱ 数据库中隶属于 I64 和 I65 的 969 家新三板企业挂牌当年年底的年度报告展开分析，因为有 14 家企业在挂牌当年年底的年度报告缺失，故本书的分析对象主要涉及955家新三板IT（information technology，信息技术）企业。基于对数据的统计分析和理论讨论，本书有如下发现。

第一，基于对4998位董事会成员和3503位高管团队成员特征的分析，发现企业董事会和高管团队的人文结构会导致企业短期业绩差异，而董事会和高管团队的经验结构会诱发企业经营差异。

第二，商业模式创新意味着企业与外部利益相关者的交易结构的全局性而非局部差异化，存在着两个可以并行的战略方向：一个是效率维度创新，重塑企业与外部利益相关者的交易结构谋求全局性的成本领先，挑战行业内的成本规则；另一个是新颖维度创新，重塑企业与外部利益相关者的交易结构谋求价值创新，挑战行业内的价值规则。数据分析揭示了商业模式创新的漏斗效应、短期业绩损失效应以及长期非均衡的业绩提升效应，同时发现了驱动商业模式创新的信息机制和知识机制以及抑制商业模式创新的风险倾向。

第三，商业模式创新意味着破坏和重构企业战略能力，商业模式效率维度创新意味着打破并重构企业内部战略能力，而商业模式新颖维度创新意味着打破并重构企业外部战略能力。商业模式创新会给企业领导班子带来不同的决策挑战。与效率维度创新相比较，新颖维度创新的决策挑战更大，更依赖于企业领导班子的凝聚力。

基于这些发现，本书给企业领导班子与商业模式创新研究带来了重要启示。第一，商业模式研究的最大诟病是缺乏系统性和严谨性理论检验的实证研究，小样本和案例研究会带来研究效度问题，甚至会因为情境过于独特而产生结果偏差。基于大样本数据的统计分析，本书提供了更加真实客观的商业模式创新及其前置因素的事实证据，这是对已有商业模式研究文献不足的重要补充。第二，本书结合中国新兴企业的商业模式创新实践，提炼了企业领导班子可能促进并影响商业模式创新路径和结果的信息机制、知识机制和风险倾向，为未来研究的理论发展和检验提供了重要的知识基础。第三，本书结合对商业模式创新与企业业绩作用关系的分析，提炼商业模式创新优势是否以及如何转化为绩效优势的内在机制，有助于扭转商业模式研究过分拘泥于挖掘创新行为过程的状况，推动未来研究进一步检验和验证商业模式创新诱发竞争优势的前因后果的作用机制，进而丰富有关新经济时代企业竞争优势深层次来源的理论认识。

目 录

第 1 章 绪论 ··· 1
    1.1 研究背景与研究问题 ··· 1
    1.2 文献综述与理论模型 ··· 5
    1.3 内容框架与理论贡献 ··· 8

第 2 章 CPSED Ⅱ 数据库 ·· 11
    2.1 理论模型与基本架构 ·· 11
    2.2 编码过程与可靠性检验 ··· 13
    2.3 总经理调查的设计与实施 ·· 16
    2.4 数据库的进一步拓展与丰富 ··· 23

第 3 章 新三板 IT 企业董事会对企业经营和业绩的影响 ····························· 24
    3.1 董事会性别结构及其对企业经营和业绩的影响 ································ 24
    3.2 董事会年龄结构及其对企业经营和业绩的影响 ································ 29
    3.3 董事会学历结构及其对企业经营和业绩的影响 ································ 36
    3.4 董事会先前工作经验结构及其对企业经营和业绩的影响 ···················· 39
    3.5 董事会其他结构特征及其对企业经营和业绩的影响 ·························· 48
    3.6 新三板 IT 企业挂牌当年年底的董事会变动情况 ······························· 52

第 4 章 新三板 IT 企业高管团队对企业经营和业绩的影响 ·························· 56
    4.1 高管团队董事会嵌入程度及其对企业经营和业绩的影响 ···················· 57
    4.2 高管团队性别结构及其对企业经营和业绩的影响 ····························· 59
    4.3 高管团队年龄结构及其对企业经营和业绩的影响 ····························· 63

  4.4 高管团队学历结构及其对企业经营和业绩的影响……………………… 70

  4.5 高管团队先前工作经验结构及其对企业经营和业绩的影响…………… 74

  4.6 高管团队其他结构特征及其对企业经营和业绩的影响………………… 82

第 5 章 新三板 IT 企业商业模式创新表现、驱动因素与业绩影响………… 86

  5.1 有关商业模式与商业模式创新的重要观点……………………………… 86

  5.2 商业模式创新的基本态势………………………………………………… 89

  5.3 商业模式创新的驱动因素………………………………………………… 93

  5.4 商业模式创新对企业业绩的影响……………………………………… 105

第 6 章 不同商业模式情境下的管理重点与决策挑战…………………………… 111

  6.1 总经理问卷调查具有统计代表性……………………………………… 111

  6.2 商业模式创新与企业竞争业绩………………………………………… 113

  6.3 商业模式创新与企业战略能力………………………………………… 116

  6.4 商业模式创新与企业决策挑战………………………………………… 119

第 7 章 主要结论与管理启示……………………………………………………… 122

  7.1 企业领导班子的人文结构是产生企业业绩差异的重要原因………… 122

  7.2 企业领导班子的经验结构是产生企业经营差异的重要原因………… 124

  7.3 商业模式创新的漏斗效应及其业绩影响……………………………… 126

  7.4 商业模式创新的动力机制和阻力机制………………………………… 127

  7.5 商业模式不同维度创新的管理重点…………………………………… 129

参考文献 …………………………………………………………………………………… 130

附录：基于 CPSED Ⅱ 数据库的研究成果 ………………………………………… 133

第 1 章

绪　　论

张瑞敏先生说过这么一句话：没有成功的企业，只有时代的企业。纵观商业史，自从工业革命赋予公司力量以来，企业与时代环境之间在相互塑造中共同演化，在实践层面上演了一幕接一幕的兴衰成败，在理论层面上助推了一波接一波的管理思潮。物竞天择、适者生存，信息数字时代赋予公司的属性是什么？或者说，信息数字时代赋予了公司什么新的时代烙印？这是新时代赋予的理论和实践课题，归纳众多理论观点和实践探索，企业价值创造逻辑从封闭走向开放、从组织内走向组织间、从边界管理到跨边界管理的变化逐渐成为共识，这一变化根植于互联网、信息和数字等新兴技术的基本属性，同时又超越技术本身诱发了复杂而系统的管理挑战。

1.1　研究背景与研究问题

信息社会数字经济时代，新创企业不再拘泥于产品或服务创新，更加注重探索商业模式创新，基于新商业模式，新创企业不再与在位企业进行错位竞争，而是进行正面交锋的破坏性竞争，成长极具颠覆性。这是席卷全球的普遍现象，基于商业模式创新的颠覆破坏效应在音乐行业（Burgelman and Grove, 2007）、电视行业（Ansari et al., 2016）、软件行业（Snihur et al., 2018）、媒体行业（Cozzolino et al., 2018）、电子商务（Amit and Zott, 2001）、零售行业（Markides, 2006）等多个领域相继发生。Christensen（2006）曾坦言："我将颠覆这一现象归结为破坏性技术是一种错误，事实上，基于技术应用的破坏性商业模式才是颠覆在位企业领导者的关键力量。"商业模式在新创企业群体更为集中并已形成一股强劲浪潮改变着竞争规则，重塑了行业格局并创造着成长神话，创业和新创企业是研究商业模式问题的主流情境（Amit and Zott, 2001; George and Bock, 2011; Priem et al., 2013; Foss and Saebi, 2017）。

特别是基于互联网和信息技术等新兴技术，新创企业的成长开始背离战略和创业理论的成长路径,成长速度极快,成长不再是与既有企业竞争互动而是颠覆。传统新创企业成长理论主要基于工业社会,依托资源基础理论、社会网络理论和战略选择理论等,核心是新创企业如何利用机会和资源瞄准利基市场做出战略选择,避开既有企业竞争来实现成长(Penrose,1959;Barney,1991;Child,1972;Chandler and Hanks,1994)。在工业社会,尽管新创企业擅长创新,但商业模式创新的收获并不多。当今互联网和信息技术的不断进步及其在全行业领域应用的普及,使新创企业商业模式创新变得更加频繁,可能正在改变甚至颠覆传统成长理论的成长路径。这至少表现在两个方面:一是互联网和信息技术显著降低了信息传递、信息沟通、交易管理等的成本,组织间边界被削弱甚至被彻底打破,行业间以及行业内企业核心资源或能力的隔离机制消失殆尽(Casadesus-Masanell and Ricart,2010),价值创造逻辑发生根本性变革,从以组织资源和能力为核心转变为以跨越组织边界的组织间合作与协同为主导,新创企业有可能在短时间内创造性地跨界整合资源,改变行业价值创造流程、要素和逻辑(Zott and Amit,2010)。二是显著降低了供应商和顾客等要素接触成本,借助新兴技术的应用,新创企业能以极低成本大范围接触潜在的顾客和供应商,既有企业曾经清晰定义的市场边界和战略位势因此变得支离破碎,竞争逻辑突破行业边界,以顾客和市场为导向的跨界竞争和产业融合势不可挡,来自全球的818位CEO(chief executive officer,首席执行官)一致认为行业之墙正在坍塌,未来会出现大量产业融合(Pricewaterhouse Coopers,2015)。在这样的条件下,新创企业往往能在缺乏关键资源和能力的条件下借助商业模式设计实现跨界竞争,改变甚至重塑行业价值,颠覆性已成为新创企业成长的重要属性,新创企业不是逐步替代既有企业而是迅速横扫前进道路上的一切障碍。例如,基于移动互联网技术应用,苹果公司没有生产过一张音乐CD却迅速成为大型音乐零售商;优步公司不拥有一辆出租车却在短短五年内将租车应用服务扩张到全球51个国家的230个城市;爱彼迎没有建造过一栋酒店但在短短六年内拥有的酒店房间数量就超越了洲际和希尔顿等全球顶级酒店集团。

新的成长轨迹本质上是成长逻辑的一种转变,创业者或团队面临的挑战发生重大变化,不再是侧重于企业端的战略选择能力,而是侧重于需求端设计并持续更新商业模式的管理能力(Doz and Kosonen,2010;Foss and Saebi,2017;Priem et al.,2013;Martins et al.,2015)。在战略研究领域,Priem等(2013)敏锐地洞察到了新的理论和实践挑战,他们指出传统战略研究侧重于将企业端视为分析焦点,基本遵循在考虑外部环境约束条件下的"资源/能力—战略选择—价值获取"理论逻辑,但这些理论观点并不能充分解释以苹果、脸书、谷歌等为代表的新兴企业和新兴成长实践背后的价值创造与成长逻辑。为此,战略研究应该拓展研究边界,以市场端为分析焦点探索并建构"市场—商业模式—价值创造—价值获取"

的理论逻辑，致力于解释和预测以商业模式为分析单元的价值创造系统中促进价值创造的管理决策（Priem et al.，2013）。与之相呼应，在创业研究领域，Foss 和 Saebi（2017）明确指出机会是新创企业价值创造的可能性，而基于机会的商业模式设计才是将价值创造潜能转变为现实价值创造的唯一途径。尽管大多数商业模式研究都是在创业情境下开展的，但创业研究学者仍过分拘泥于机会开发过程中的战略和资源问题并没有对商业模式研究予以足够重视，未来创业研究应该探索并挖掘在特定机会情境下"机会—商业模式—价值获取"的内在机制，致力于探索并解释新创企业基于商业模式设计、选择和调整的成长过程背后的深层次逻辑。

概括来说，经济社会转型诱发的价值创造和竞争逻辑的根本性变化驱动了商业模式实践热潮，关注并研究商业模式问题更有助于我们认识、归纳新经济背景下企业新兴实践背后的深层次理论逻辑，进一步更新、补充和完善既有理论框架。与之相呼应，尽管在 20 世纪 60 年代商业模式概念就已经被提出（Bellman et al.，1957），但直到 20 世纪 90 年代末期互联网和信息技术兴起，商业模式研究才真正引起重视，文献呈现爆炸式增长。1972~2015 年，学术和非学术刊物已经刊载了 7391 篇商业模式相关研究文献（Foss and Saebi，2017），其中 80% 以上的文献发表于 20 世纪 90 年代后期，特别是 2010 年以来，10 余篇系统性文献研究发表在主流学术刊物（如 Zott et al.，2011；George and Bock，2011；Wirtz et al.，2016；Foss and Saebi，2017），以商业模式为研究主题的学术专刊不断涌现。商业模式已成为组织理论、战略管理、创业管理、技术与创新管理、市场营销等多学科领域共同关注的热点问题。

关于商业模式研究文献的回顾和梳理得出了几点重要启示（Zott et al.，2011；George and Bock，2011；Wirtz et al.，2016；Foss and Saebi，2017）。①作为新兴主题，目前实践界对商业模式的探索努力超越了学术界对商业模式的学理分析，其根本原因在于学术界未能就什么是商业模式及其学术属性达成共识，直到近期，学术界才就这一问题取得实质性进步，商业模式研究开始迈入理论检验和创新的黄金时期（Wirtz et al.，2016）。②商业模式是独立的分析单元，本质是价值创造和价值获取系统机制。战略研究关注的是目标企业以竞争为导向的价值获取（Porter，1985；Barney，1991），创业研究关注的是以机会为导向的价值创造，组织研究关注的是组织间互动方式的设计及其效率，融合战略、组织和创业研究的理论框架是研究并解释商业模式问题的基本研究设计（Teece，2010；George and Bock，2011；Amit and Zott，2001）。③商业模式在不同企业群体中蕴含的学术主题不尽相同。对于新创企业而言，创业本身就意味着商业模式选择，而既有企业则是对商业模式要素或架构的改动（Foss and Saebi，2017）。换句话说，新创企业的商业模式既包含着由无到有的设计，也蕴含着新创企业成长过程中的商业模式调整或变化，以新创企业为对象的研究更有助于探索新时期以价值创造为导向的管理理论和思维创新。④迄今没有学术或实践刊物能够解释商业模式如何发挥作用，什么是商业模式的构成维度及属性，以及如何创造出良好的商业模式（Wirtz et al., 2016）。商业模式形成与调整机制及其效应机制是未来商业模式研究的重点和方向。基于这些认识和判断，本书聚焦于"新商业模式从何而来"这一基础性问题，依托 CPSED Ⅱ 数据库展开统计和理论分析，旨在回答如下三个基本问题。第一，我国新兴企业商业模式创新的基本态势是什么？第二，哪些因素可能以及如何影响商业创新可能性及其效果？第三，不同商业模式情境下的管理重点和决策挑战有差异吗？

结合中国情境，我国目前已成为全球数字经济的重要引领者和推动者。这一事实造就了中国在互联网和电子商务等新兴行业领域的企业竞争优势，这些新兴企业借助商业模式创新重塑行业格局并创造成长神话，已成为创新驱动发展的重要推动力量。麦肯锡全球研究院 2017 年 12 月发布的《数字时代的中国：打造具有全球竞争力的新经济》报告显示，中国电子商务交易额已占全球总量的 42.3%，在全球 262 家独角兽（Unicorns）企业中，中国占 34%，美国占 47%，其他国家占 19%，中国独角兽企业估值总额占全球总额的 43%，美国独角兽企业估值总额占全球总额的 45%。基于商业模式创新实践，新创企业在推动产业结构升级、新旧动能转换、经济社会发展质量提升方面起到了更加重要的作用。

基于创新驱动发展战略的现实背景，我国仍然面临着亟待解决的重要实践问题。第一，近年来我国涌现出了不少新商业模式，冷静观察发现大多数新商业模式是基于海外新商业模式原型的改进型创新，为什么我国会缺乏原创性商业模式创新？第二，我国新创企业的商业模式创新聚焦于互联网和电子商务领域，这主要来自我国的人口红利和城市化优势。但在实践中，大多数新创企业膜拜"连接—内容—流量—变现"的实践逻辑，瑞幸咖啡等企业案例激发了人们的反思，简单模仿导致商业模式创新失败率居高不下，造成了社会资源的巨大浪费，甚至诱发了一系列的法律、道德和伦理问题。这些现象可以概括为我国新商业模式在经营、竞争和可持续性等方面的脆弱性，新而不强的问题十分突出，如何提升我国新商业模式的竞争硬度呢？第三，商业模式转型是在位企业转型升级的关键抓手。在实地走访调研中，我们深刻感受到大企业在商业模式转型中看似"迟缓"，很大程度上并非是因为"保守"，而是因为缺乏转型带来优势以及如何诱发优势的理性证据，特别是学理证据。

要破解这些现实难题进而推动我国企业在数字经济时代的高质量发展，很有必要在客观理性认识我国新兴企业商业模式创新基本态势和特征基础上，勾勒并描述哪些因素在驱动商业模式创新，哪些因素在阻碍商业模式创新，结合我国情境和企业实践凝练有价值的科学问题并推动商业模式相关研究深化发展，以科学研究成果引领并启发企业家理性地开展商业模式创新。

1.2 文献综述与理论模型

目前主流研究已经认同商业模式是企业创造、传递和获取价值的基础架构（Teece，2010），本质是揭示焦点企业创造并获取价值的跨边界活动系统（Amit and Zott，2001；Zott and Amit，2010），商业模式创新是企业探索新方法来创造与获取价值并建构新的创造和获取价值的逻辑（Casadesus-Masanell and Zhu，2013）。商业模式概念达成共识，这显然是进步，这一定义突出了"跨边界的价值创造和获取"，将价值创造从传统意义上的组织内部拓展到组织间甚至是组织间共创（Amit and Han，2017），更贴合信息社会数字经济下新兴商业实践所展现出的关键共性。与之相呼应，新商业模式的理论和实践价值不在于它相较以往有多么的不同，而在于这些不同为何、如何以及在什么条件下诱发新创企业颠覆式成长及其衍生的经济社会影响。

在实践中，商业模式创新与新创企业的平台化和生态化成长关联密切，商业模式特征可能影响和塑造了新创企业打造生态系统的属性和特征（韩炜等，2021）；商业模式创新还涉及跨边界管理这一新话题，相对于经典组织理论的强边界约束以及战略联盟理论的强关系约束，新商业模式诱发的跨边界管理实践在很大程度上表现为边界模糊甚至交叉、组织间关系规模化和弱关系化等新兴特征。更为重要的是，商业模式创新还与竞争优势来源关联，如果说定位学派和资源基础观等理论强调了组织内部资源和价值活动相互依赖的战略意义（Porter，1996；Barney，1991），那么商业模式则更注重并强调组织间跨边界交易活动相互依赖性诱发竞争优势的机理（Lanzolla and Markides，2021），这显然更具有理论挑战性，也隐喻了管理模式可能会发生重要而显著的变化。

因此，"新商业模式从何而来"这一问题成为近期研究焦点，已经开始引起组织、战略和创业等领域的主流学者关注（Bigelow and Barney，2021；McDonald and Eisenhardt，2019；Shepherd et al.，2023；Snihur and Zott，2020），非常值得进一步深入研究和探索。商业模式形成是指确立商业模式最终形态，当商业模式的资源配置方案与关系网络结构得到参与者普遍认同并开始稳定地指导企业运营时（如企业公开上市），就意味着商业模式已被确立起来（Zott and Amit，2007；Sosna et al.，2010），形成过程也宣告完结。不同企业的商业模式最终形态往往并不相同，即使在同一产业也可能会同时存在传统型与创新型的商业模式，这一方面与形成过程的不同有关，另一方面与驱动因素的差异有关。

商业模式形成过程是一个选择组成要素及确立要素间组合方式的过程，"选择观"与"过程观"是当前最为主流的研究观点。"选择观"采用静态设计思想，认为现实环境中已经存在商业模式的成熟模板，在进行商业模式设计时，企业家会结合自身对这些成熟模板的认知，在对企业内外部环境进行战略分析的基础上，选择出合适的组成要素，并进一步通过要素组合来形成最终的商业模式（Morris et al.，2005；Casadesus-Masanell and Ricart，2010；Amit and Zott，2015；Martins et al.，2015）。从"选择观"所刻画的形成机制来看，有的学者遵循完全理性决策逻辑，认为企业家能够完全了解外部环境的需求，选择过程的唯一标杆就是保障商业模式组成要素及其最终组合形态与环境需求相匹配（Morris et al.，2005）；有的学者则遵循有限理性决策逻辑，认为企业家认知能力决定了他们如何看待外部环境需求，选择并非从外界所有成熟模板中选择，而是围绕那些已嵌入到自身头脑中的成熟模板进行选择，体现为意义建构过程（Battistella et al.，2012；迟考勋等，2016；杨俊等，2016）。客观来说，认知过程的研究更符合实际，已有研究也发现，在设计商业模式时，企业家更可能优先考虑头脑中关于商业模式形态的主导认识（Chesbrough and Rosenbloom，2002；Malmström et al.，2015）。

"过程观"采用动态设计思想，认为企业家在初始阶段虽然拥有多种可供选择的商业模式方案，但却没有更多信息来判断这些方案的优劣，最终商业模式是在不断地尝试、发现与改进过程中确立起来的（Chesbrough，2010；McGrath，2010；Andries et al.，2013；云乐鑫等，2014；张敬伟和王迎军，2011）。从"过程观"所刻画的形成机制来看，学者较为倡导"发现驱动"的商业模式设计途径，这一途径体现为企业借助持续的实验与学习来形成最终商业模式（McGrath，2010；Chesbrough，2010），或者体现为企业家借助类比推理与概念链接等创造性的认知活动来建构起商业模式图式，并将其推广为企业最终的商业模式结构（Martins et al.，2015）。比较而言，"选择观"与"过程观"都有其价值所在，而遵循不同的形成逻辑则很可能带来不同商业模式，前者受已有模板影响会倾向于在已有要素及要素间关系中进行选择或微调，造就出创新程度较低的模式，后者因致力于尝试新想法而更有可能引入新的要素或要素间组合方式，造就创新程度较高的模式。

更为重要的是，尽管"选择观"和"过程观"均强调环境特征特别是新技术应用对商业模式创新的重要驱动作用，认同高管团队在新商业模式设计中起到主导作用，但对高管团队如何影响商业模式创新的内在机理认识不足，这也是导致已有研究难以解释在相似环境特征中涌现不同商业模式的主要原因。事实上，面临环境变革时，新企业高管团队的真正挑战并不是如何利用新技术来创新商业模式，而是如何借助商业模式创新来创造竞争优势（Gerasymenko et al.，2015）。商业模式创新是基于不同领域知识的创造性组合和利用过程（Foss and Saebi，2017），这一过程很可能与新企业高管团队结构密切相关。然而，目前对高管团队在不同结构维度是否及如何影响商业模式创新的研究相对匮乏（Martins et al.，2015）。基于商业模式形成的"过程观"，本书构建了以"高管团队—商业模式创新—绩效结果"为基本链条的理论模型,并基于这个模型结合 CPSED Ⅱ 数据库展开统计和理论分析,以期洞察我国新兴企业商业模式创新的基本态势、理论问题和管理挑战,见图 1-1。

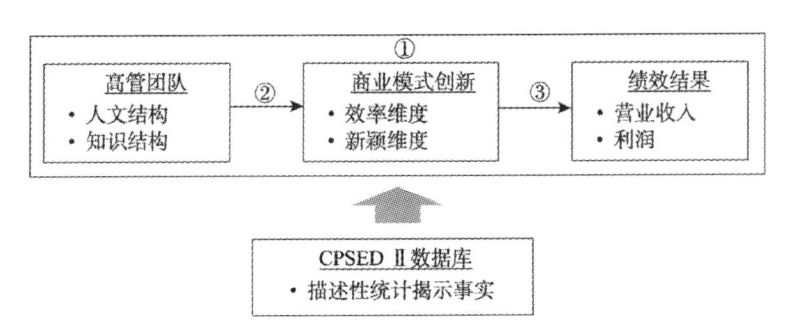

图 1-1 本书的理论模型

具体而言,商业模式创新意味着价值创造和获取逻辑的变化,但这一变化并不是目的,目的是让新创企业能相对于在位企业以更好、更快、更有效的方法来创造并获取价值,见图 1-2。如果新商业模式产生了相较于在位企业等竞争对手商业模式的比较优势,就能成为企业在竞争中制胜的充分条件(Demil et al., 2015)。与资源等因素的优势来自同类比较不同,如图 1-2 所示,基于商业模式创新的竞争优势来源至少包括两个基本特征:第一,尽管新商业模式的优势是相对于既有商业模式而言的,但这种比较是基于商业模式中顾客和共创者等所有参与者的整体性"成本—价值"效应结构(Adner and Kapoor, 2010; Amit and Zott, 2015)。相对于既有商业模式,如果新商业模式让某些参与者感到获益增加而其他大部分参与者感到损失(如共享单车商业模式中的政府部门等参与者感知到的是损失,甚至用户也是得失兼有),新商业模式就很难在竞

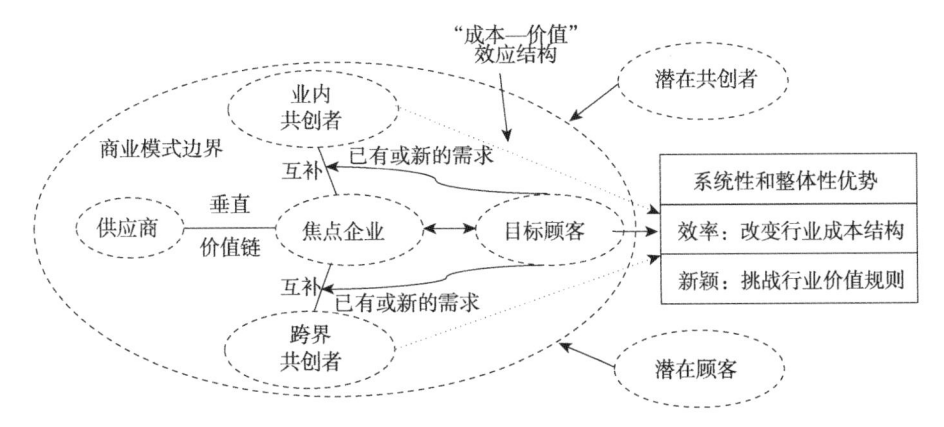

图 1-2 互联网与数字经济时代的商业模式创新与绩效差异来源
资料来源:杨俊等(2020)

争中战胜既有商业模式（传统的购买—使用逻辑或租车逻辑）。第二，既然新商业模式的优势来自相对于既有商业模式面向所有参与者的整体性"成本—价值"效应结构，商业模式创新所诱发的竞争优势就以系统性和整体性为基本特征（Amit and Han，2017；Priem et al.，2013；Zott et al.，2011），如果这一系统性和整体性优势破坏了在位企业的绩效改善轨迹，就会构成破坏性极强的颠覆性商业模式（Christensen et al.，2018）。

进一步地，基于商业模式创新的竞争优势至少包含两个重要维度：效率优势和新颖优势（Zott and Amit，2007）。效率优势指在整体性"成本—价值"效应结构中谋求成本最小化，即在不改变或者说不从根本上改变行业产品或服务价值逻辑的情况下，降低企业与外部利益相关者交易结构的系统性成本，通过打破行业成本结构规则来塑造优势（Amit and Zott，2001）。最早成功利用这一优势的是电子商务企业，新兴电子商务企业（如亚马逊、eBay、淘宝等）之所以能将传统的中间环节（如代理商）剔除出局，是因为这些成功的新兴电子商务公司并没有利用其信息优势在上游持有者和下游消费者之间套利，而是扮演交易赋能者的角色将上下游资源联系起来，同时利用其信息优势来提升交易主体之间匹配的效率和效果（Amit and Han，2017）。这也是为什么在互联网出现之后，大多数新企业都倾向于采用平台来连接第三方的产品和服务的重要原因。新颖优势指在整体性"成本—价值"效应结构中谋求价值创新或价值丰富，即通过增加新的价值活动、引入新合作伙伴或采用新方式来编排价值活动等手段，打破行业的价值内容规则来塑造优势（Amit and Zott，2001），如苹果公司基于这一优势对音乐和手机行业产生的破坏效应（Burgelman and Grove，2007）。Chandler等（2014）发现在衰退行业中，与衰败企业相比，快速成长企业的重要特征就是面向利益相关者提供的价值内容的丰富性、新颖性和多样性。

更为重要的是，商业模式创新会给新企业带来创新收益，但创新同时也可能会诱发竞争损失，不少证据也表明引入新商业模式的新企业存活率往往极低（O'Reilly and Tushman，2011；Stubbart and Knight，2006）。换句话说，商业模式创新的绩效启示很可能取决于创新收益与竞争成本之间的较量，但已有研究拘泥于从创新收益角度来分析商业模式创新的绩效启示问题（Amit and Zott，2001；Zott and Amit，2007，2008），忽略了竞争损失的影响是导致研究结论之间矛盾甚至冲突的重要原因（Foss and Saebi，2017）。

1.3 内容框架与理论贡献

基于研究问题以及理论模型，本书的内容安排如下所述。

第1章结合已有组织和战略理论分析并阐述了研究背景和研究问题。

第 2 章介绍了 CPSED Ⅱ数据库的设计、建设和拓展情况，CPSED Ⅱ数据库是本书依托的数据源，也是本书聚焦中国新兴企业特色的集中体现。系统介绍数据库，不仅是为了阐述本书的分析数据来源，还是为了吸引感兴趣的同行共同开发数据库，联合开展相关研究。

第 3 章聚焦董事会结构特征对企业经营与业绩的影响，主要关注董事会的人文结构（性别、年龄和学历）、知识结构（先前工作经验结构）以及其他特征（海归创业者、创业元老）等是否以及如何塑造企业财务业绩、产品或服务创新性、著作权数量和专利数量等方面的差异。

第 4 章聚焦高管团队结构特征对企业经营与业绩的影响，主要关注高管团队董事会嵌入程度、高管团队的人文结构（性别、年龄和学历）、知识结构（先前工作经验结构）以及其他特征（海归创业者、创业元老）等是否以及如何塑造企业财务业绩、产品或服务创新性、著作权数量和专利数量等方面的差异。

第 5 章重点分析企业商业模式创新表现、驱动因素与业绩影响。这是在前面分析基础上聚焦"高管团队—商业模式创新—绩效结果"的系统分析，在揭示企业商业模式创新基本态势基础上，揭示董事会与高管团队是否以及为何促进或阻碍商业模式创新的结构属性，讨论商业模式创新诱发绩效结果的双重效应机制。

第 6 章讨论不同商业模式情境下的管理重点与决策挑战，重点讨论不同商业模式情境下，企业家如何管理企业更有助于发挥商业模式的优势塑造潜力。这部分分析更细致地揭示了商业模式创新过程中的管理挑战，并在此基础上探明了"过程观"视角下值得研究的重点课题。

第 7 章概括了主要结论和管理启示，发现董事会和高管团队的人文结构会导致企业短期业绩差异，而董事会和高管团队的经验结构会诱发企业经营差异。第 7 章揭示了商业模式创新的漏斗效应、短期业绩损失效应以及长期非均衡的业绩提升效应，同时发现了驱动商业模式创新的信息机制和知识机制以及抑制商业模式创新的风险倾向。更为重要的是，商业模式创新意味着破坏和重构企业战略能力，商业模式效率维度创新意味着打破并重构企业内部战略能力，而商业模式新颖维度创新意味着打破并重构企业外部战略能力。商业模式创新会给企业领导班子带来不同的决策挑战。与效率维度创新相比较，新颖维度创新的决策挑战更大，更依赖于企业领导班子的凝聚力。

本书的理论贡献主要体现在以下三个方面。

第一，与已有研究关注商业模式创新或新商业模式形成过程不同（Wirtz et al., 2016; Zott et al., 2011），本书进一步提炼了高管团队借助商业模式创新来获取竞争优势的社会机制和知识机制（Hambrick, 2007）；与已有研究探索商业模式创新变化本身是否诱发绩效优势不同（Foss and Saebi, 2017），本书将竞争因素纳入分析视野，提炼商业模式创新优势是否以及如何转化为绩效优势的内在机制，有助于扭转商业模式研究过分拘泥于挖掘创新行为过程的状况，推动未来研究进一步检验和验证商业模式创新诱发竞争优势的作用机制，进而丰富有关新经济时代企业竞争优势深层次来源的理论认识。

第二，商业模式研究的最大诟病是缺乏系统性和严谨性理论检验的实证研究（Demil et al.，2015），小样本和案例研究会带来研究效度问题，甚至会因为情境过于独特而产生结果偏差。基于大样本数据的统计分析，本书提供了更加真实客观的商业模式创新及其前置因素的事实证据，这是对已有商业模式研究文献不足的重要补充。

第三，战略研究的基本命题是解释企业间绩效为何存在差异，本书聚焦商业模式创新为此提供了新的理论补充：已有战略理论有助于解释在相似商业模式条件下企业基于战略选择所塑造的差异化竞争优势，因为互联网和信息技术等新兴技术的广泛应用，商业模式创新变得更加普遍和频繁，企业间商业模式异质性已成为企业间绩效差异的新来源，更为重要的是，与传统的基于战略选择的局部差异化优势不同，基于商业模式创新的竞争优势以系统性和整体性为基本特征（Amit and Han，2017）。这意味着，商业模式研究实质上是对战略研究的重要补充，未来研究很有必要摒弃有关战略与商业模式关系的争论（Ritter and Lettl，2018），将商业模式异质性与战略选择异质性结合起来分析企业间绩效差异的成因，这样更有助于我们认识和把握新经济时代企业成长轨迹背后的理论规律。

第 2 章

CPSED Ⅱ 数据库

CPSED Ⅱ 数据库是以 1675 家 2013～2016 年的新三板挂牌企业为研究对象、采用文本编码和问卷调查相结合的研究设计,以公开转让说明书为时间起点(T_0)、以年度报告为时间序列(T_n)构建的动态跟踪数据库。借用实验研究中实验组和对照组的设计思路,将 1675 家企业分成两组,一组是实验组,包括 969 家隶属于互联网和相关服务行业(行业代码为 I64)和软件和信息技术服务业(行业代码为 I65)的新三板挂牌企业(以下简称为新三板 IT 企业),这是主要的研究对象,也是理论构建和检验的主要情境;另一组是对照组,包括 706 家隶属于制造业(行业代码为 C1*、C2*)的新三板挂牌企业,这是研究发现和结论对传统行业情境的进一步补充检验和拓展。本书主要采用 CPSED Ⅱ 数据库中 969 家新三板 IT 企业挂牌当年年底的年度报告展开分析,因为有 14 家企业挂牌当年年底的年度报告缺失,故本书共涉及 955 家新三板 IT 企业。

2.1 理论模型与基本架构

什么因素推动新创企业成长?Sandberg 和 Hofer(1987)的研究很有代表性,他们提炼了影响新创企业绩效(new venture performance,NVP)的基本模型:NVP = f {IS×S,IS,S}。其中,IS 为产业结构;S 为企业战略。

后续有关新创企业成长的研究基本遵循该思路,基本假设是新创企业成长取决于创业者或高管团队依据环境和产业特征制定恰当的战略,注重挖掘企业战略及其影响因素(创业者或高管团队)、产业结构、环境特征等对创业企业成长的影响。

互联网和信息技术等应用的普及已经深刻地改变了商业环境及其竞争逻辑。首先,工业社会清晰的产业边界已经变得模糊,传统的核心资源和能力假设开始遭遇强劲挑战,跨界经营开始成为常态;其次,创造竞争制胜的必然性是战略的基本逻辑,跨界成为常态意味着难以清晰界定并分析竞争对手,价值创造已成为重点;最后,企业边界越来越模糊,更注重以合作和共赢为逻辑的价值创造系统构建。近年来，不少学者也开始意识到这一问题并指出商业模式构建及其与战略互动已成为驱动新创企业成长的重要途径，这一观点迅速得到认同并诱发大量理论探索（Zott and Amit, 2007; Teece, 2010; Zott et al., 2011）。基于此，我们修正并提出影响新创企业绩效的基本理论模型：NVP = f {BM, BM×S, S}。其中，BM 为商业模式；S 为企业战略。

依据这一模型，CPSED Ⅱ 以新三板挂牌企业为研究对象开展数据库建设，主要关注（但不限于）以下四个问题：①如何定义并测量商业模式？②商业模式是否以及如何推动成长？③特定商业模式约束下，企业资源和能力等其他因素起到什么作用？④商业模式特别是新商业模式从何而来？

之所以选择新三板挂牌企业为主要研究对象，主要是因为：①新三板挂牌企业具有成长性，同时具有更强的波动性；②作为挂牌标准和政策规定，新三板企业的商业模式已经确立而不是设计过程中；③新三板挂牌企业数量庞大，截至2017年1月底，总共有10 454家挂牌企业分布在互联网和相关服务行业、信息技术相关行业、制造业、服务业等多个行业领域，更适合开展行业分类比较研究。

我们采用实验研究中实验组和对照组的思路，从行业分类角度，选择互联网和相关服务和软件和信息技术服务业的新三板挂牌企业为主要研究对象，选择制造业的新三板挂牌企业（以下简称为新三板制造企业）为比较研究对象。互联网和相关服务与软件和信息技术服务业是重要的新兴行业，是新兴技术探索和应用最为活跃，同时又更注重商业模式创新的行业，这两个行业也得到不少商业模式相关的主流研究关注（Zott and Amit, 2007）。

针对新三板IT企业样本，选择2013年1月1日至2016年3月31日的挂牌企业为对象展开研究。在上述时间范围内，新三板官网即"全国中小企业股份转让系统"网站发布的挂牌企业为1146家，进一步查阅公开转让说明书逐一核对其行业类型，发现有31家企业在公开转让说明书中提供的行业信息并不属于I64与I65两个行业类别，因此可用于研究的总体样本数量为1115家企业。在此基础上，我们随机从中选择了10家企业用于试验性编码，剩余的1105家企业进入正式编码，在正式编码过程中，因商业模式等关键信息缺失或错漏、编码人员工作失误等原因，剔除了136家企业样本，数据库最终包含969家有效企业样本。针对剔除样本和有效样本，我们以10项企业基本特征指标为标准对剔除样本和有效样本做了统计比较[①]，发现在这些指标方面并不存在显著差异，可以基本认定剔除的136家企业不会对总体样本产生偏差。

[①] 这些特征指标主要包括：挂牌时生存年限、所在地区、挂牌前一年总资产、挂牌前一年资产负债率、挂牌前一年每股净资产、挂牌前一年营业收入、挂牌前一年净利润、挂牌前一年毛利率、挂牌前一年基本每股收益、挂牌前一年净资产收益率等。除了挂牌时生存年限、所在地区，其余都是衡量企业是否具备挂牌资格的重要指标。

针对新三板制造企业样本，以 2013 年 1 月 1 日至 2016 年 12 月 31 日挂牌并隶属于制造业的新三板企业为研究对象。在上述时间范围内，"全国中小企业股份转让系统"网站发布的挂牌企业共有 5582 家，根据企业成立时间与挂牌时间间隔在 8 年以内的标准，剔除不符合这一时间要求的企业 3845 家，剩余 1737 家。本书从中随机选择了 4 家企业用于试验性编码，截至 2018 年 6 月 30 日，有 286 家企业退市，23 家企业停牌，因此将这些企业剔除，剩余 1424 家企业。考虑到与新三板 IT 企业样本的比较以及编码工作量问题，我们按照 50%随机抽取 712 家企业进入正式编码。在正式编码过程中，因商业模式等关键信息缺失或错漏、编码人员工作失误等，剔除了 6 家企业样本，数据库最终包含 706 家有效企业样本。同理，我们对有效样本和剔除样本进行了统计检验，结果显示 706 家企业具有很好的代表性。CPSED Ⅱ 数据库的基本架构与建设工作如图 2-1 所示。

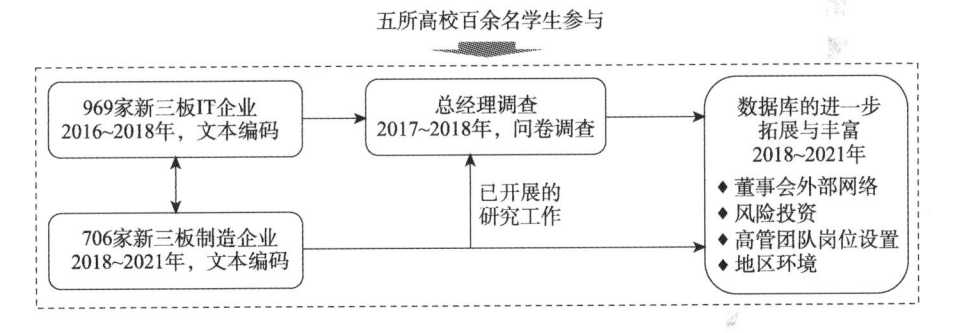

图 2-1 CPSED Ⅱ 数据库的基本架构与建设工作

基于数据库设计的理论模型，以样本企业挂牌的公开转让说明书为时间起点（T_0）、以年度报告为时间序列（T_n）针对每家编码企业构建动态跟踪数据库。例如，企业 A 于 2013 年在新三板挂牌，以公开招股书为依据，2013 年是编码时间起点，后续根据企业年度报告（2013 年、2014 年、2015 年、2016 年、2017 年……）作为时间序列分别编码。在编码数据库中，总共包含所包含 1600 多个变量，涉及企业基本情况、企业治理结构、企业高管特征、企业财务情况、企业主营业务与资源情况、企业商业模式特征、企业年度报告等信息。

2.2 编码过程与可靠性检验

样本企业文本编码的二手数据来源包括：公开转让说明书、年度报告、其他重要的公司公告以及公司网站信息等资料。这些是在"全国中小企业股份转让系统"网站公开发布的文本资料，总共涉及 1675 份公开转让说明书、4689 份年度报告以及其他重要的公司公告。

我们分别针对公开招股书和年度报告设计了编码问卷并反复修正和调整,针对公开招股书的编码问卷侧重于高管团队、治理结构、资源状况、商业模式、人口统计等内容,年度报告侧重于财务绩效及其变化、高管团队变化、商业模式变化等内容。依据其客观程度,可以将编码问卷中的变量分为三类:第一类是直接提取的客观变量,即可以直接从上述文本资料中复制的数据和信息,如企业财务信息;第二类是间接提取的客观变量,即可以在上述文本资料中找到客观数据和信息,但需要依据一定标准予以判别,再转化为赋值的变量;第三类是依据文本描述的主观判定变量,即编码人员阅读文本资料并在进一步查阅补充资料的基础上,进行综合性评判打分的变量,主要涉及商业模式特征部分有关效率和新颖维度的26个题项。在此基础上,我们设计了编码手册,明确编码问卷中各项题目的填写规则与打分准则。

2016年8月,969家新三板IT企业编码工作正式启动,我们组建了由7位编码人员和1位编码组长构成的编码工作小组,7位编码人员均是战略与创业方向的年轻教师、博士研究生和硕士研究生,编码组长是创业管理方向的教授,也是项目的设计者,编码工作小组具备相关的理论和商业知识来支撑编码工作。具体而言,编码工作遵循如下流程展开:结合编码手册,编码组长对7位编码人员进行了编码培训,在培训基础上针对10家新三板IT企业进行试验性编码,核对编码结果和过程,并对编码过程中存在的问题进行了充分讨论,并进一步修正了编码手册,包括对容易产生歧义和误解的题项进行修订、对部分间接提取的客观变量赋值标准进行修订等。在确定编码人员充分了解编码规则之后,启动正式编码。

在正式编码过程中,编码工作划分为三阶段进行,在每一阶段开始时,编码组长随机给每位编码人员分配编码企业名单,在编码小组完成这一阶段的企业编码后,再针对主观判定变量(商业模式创新的效率和新颖维度)进行交互验证,由编码小组随机选择编码人员进行两两配对验证,特别需要指出的是,编码人员事先并不知道配对分配。同时,为了确保主观判定变量两两配对编码验证的整体信度,在每个阶段的两两配对均不相同,以"编码员1"为例,他在每个阶段的配对验证编码人员各不相同(分别为编码员3、编码员6和编码员7),同时他在事先并不知道谁是其配对验证人。

基于上述流程,我们的编码工作总共花费70天,2016年10月27日完成初始编码。在第一阶段完成了320家企业编码;第二阶段完成了352家企业编码;第三阶段完成了297家企业编码,共计969家企业。2018年3月,组织研究团队补充完成了969家新三板IT企业2016~2017年的年度报告的编码工作。

2018年7月,针对706家新三板制造企业的编码工作启动,工作流程与969家新三板IT企业的编码工作流程完全相一致,组建了由1位编码组长、2位副组长、22名编码人员的编码工作组,共花费30天完成初始编码工作。2021年4月,组织42名编码人员完成了706家新三板制造企业2013~2020年的年度报告编码工作。

二手数据编码的重点和难点在于数据的可靠性和准确性。基于不同的变量类型，我们采用了相应的措施来确保数据编码的可信度和可靠性。

第一，针对直接提取或间接提取的客观变量，我们采用逻辑抽检、极端值抽检和随机抽检三个步骤来逐步开展各个模块的核查、校验工作，目的是确保编码数据的可靠性和准确性。因为样本量和变量数庞大，我们总共花费了接近一年的时间进行数据核查和校验工作，总体上看，客观变量编码具有较高的可靠性和准确度。具体工作步骤是：①逻辑抽检工作，即核查数据信息是否符合基本逻辑，在编码问卷中，一些题目之间存在着逻辑验证，如股份比例之和是否等于100%、董事会成员数量与后续董事之间是否匹配等。我们针对逻辑抽检中发现的错误信息，采用重新编码的方式予以修正。②极端值抽检，即针对题项的极大值和极小值样本进行复检，对复检企业进行重新编码和验证。以969家新三板IT企业样本为例，针对挂牌前两年的企业财务信息模块，进行上述两个步骤，总共涉及134家企业需要进行编码复检，占总体样本的13.8%，其中，发现有98家企业的信息出现了填写错误，随即进行了修正，占总体样本的10.1%。在完成上述两个步骤之后，我们进行了随机抽检，以编码员为标准，按照20%的比例随机抽取样本企业进行复检，一旦发现随机抽取样本的错误率[①]高于30%，我们就对该编码员处理的企业样本进行全额复检。总体上看，仅在"企业高管信息"部分，出现了2位编码员的随机抽检错误率高于30%而进行全额复检的情况。

第二，针对商业模式效率和新颖维度的主观判定变量的一致性检验，我们在编码过程中采用配对检验的方式进行，总体上看，商业模式效率和新颖维度的测量具有较好的信度和一致性。针对969家新三板IT企业样本，13项商业模式效率维度题项的信度系数是0.902，13项商业模式新颖维度题项的信度系数是0.720，26项整体量表题项的信度系数是0.883。在两两配对检验的一致性方面，13项商业模式效率维度题项的信度系数是0.772，13项商业模式新颖维度题项的信度系数是0.730，26项整体量表题项的信度系数是0.802。针对706家新三板制造企业样本，13项商业模式效率维度题项的信度系数是0.855，13项商业模式新颖维度题项的信度系数是0.788，26项整体量表题项的信度系数是0.851。在两两配对检验的一致性方面，13项商业模式效率维度题项的信度系数是0.764，13项商业模式新颖维度题项的信度系数是0.749，26项整体量表题项的信度系数是0.791。

必须指出的是，鉴于这部分主要改编自Zott和Amit（2007）的研究，相关统计检验与Zott和Amit（2007）报告的结果相一致：一方面，我们的整体一致性系数为0.802，

---

① 错误率的计算方法：所核查部分信息出现错误的样本/抽取样本。"出现错误的样本"指的是在所核查部分信息出现一处及以上错误的样本。

Zott 和 Amit（2007）的整体一致性系数为 0.81；另一方面，与 Zott 和 Amit（2007）的研究一样，本书编码工作三个阶段的一致性系数也呈稳步上升趋势。

2.3　总经理调查的设计与实施

2017 年底，我们面向 969 家新三板 IT 企业开展了总经理调查。从调查方法角度来看，尽管调查总体是确定的 969 家企业，但这仍是一项很有挑战性的工作。第一，969 家企业的地理分布很广，涉及全国 28 个省（区、市），并且各个省（区、市）之间的企业数量差异巨大[①]，如何设计调查方法来避免抽样误差就显得非常重要。第二，这次调查的调查对象为 969 家企业的总经理，但我们并不掌握这些总经理的任何个人联系信息，如何有效接触到被调查者并说服其参与调查，就是调查研究必须要解决的重要问题。事实上，这并非这次调查研究所面临的特殊问题。这次调查尝试克服已有调查的缺陷和不足，在调查设计方面做出大胆尝试，采用社会调查的方法论开展调查设计[②]，以期用真实来揭示客观。具体设计和思路如下所述。

第一，明确调查研究的总体。调查研究的本质是用获得的不完全样本信息去描述更加抽象的、更大的总体。样本描述总体的基本前提，就是在抽样之前尽最大的可能描述并刻画总体特征。在调查实施之前，我们登录"全国中小企业股份转让系统"网站逐一核查 969 家企业的资料，核对每家企业是否仍处于挂牌状态，总共有 104 家企业处于停牌状态[③]。尽管企业停牌的原因有多种，也有可能过一段时间会恢复挂牌，但我们没有办法去核实具体的停牌原因，因此我们统一将 104 家停牌企业剔除，剩余的 865 家企业构成调查的总体。那么，剔除停牌企业是否会带来系统性的误差呢？针对 104 家停牌样本和 865 家挂牌样本，我们以 10 项企业基本特征指标为标准对剔除样本和有效样本做了统计比较[④]，发现除了总资产和净利润指标，其他指标方面并不存在显著差异，可以基本认定剔除的 104 家企业不

---

① 969 家企业涉及北京、广东、上海、浙江、江苏、山东、四川、福建等 28 省（区、市），地理分布相对零散。数量最多的北京共涉及 268 家企业；数量较少的贵州、海南和云南等仅有 3 家企业。北京、广东和上海的企业数量超过了 100 家，但重庆、吉林、新疆等 11 个省（区、市）的企业数量少于 10 家。

② 总经理调查主要参考的调查方法论工具书为 *Survey Methodology*。

③ "全国中小企业股份转让系统"网站会定期披露挂牌企业的公告和重要事项信息，停牌信息就是其中一项重要信息，停牌意味着企业股票停止转让或交易，从某种程度上说，停牌企业就不再是新三板挂牌企业。一般来看，新三板企业停牌可以分为主动和被动两种情况：主动情况指的是企业因自身经营变动或存在其他重大事项（如更名、经营业务变更、升级到创业板上市等）主动向系统提交申请并发布停牌公告；被动情况是企业因业绩或违规等被系统发布停牌公告。无论哪种情况，尽管都有复牌的可能性，但至少在停牌期间，可以认定企业不再是新三板挂牌企业。

④ 这些特征指标主要包括：挂牌时生存年限、所在地区、挂牌前一年总资产、挂牌前一年资产负债率、挂牌前一年每股净资产、挂牌前一年营业收入、挂牌前一年净利润、挂牌前一年毛利率、挂牌前一年基本每股收益、挂牌前一年净资产收益率等。除了挂牌时生存年限和所在地区，其余都是衡量企业是否具备挂牌资格的重要指标。

会带来系统性的误差。

第二，确定调查问卷设计。鉴于调查的难度和独特性，2017年2月至2017年9月，研究团队对设计的调查问卷进行了反复测试，以提高被调查者在调查过程中的参与度，避免被调查者因误解或不解问卷内容而产生误差。首先，我们在研究团队内部进行了第一轮的问卷试测，由项目组学术指导张玉利教授通读问卷，并对问卷中题项的表达进行了审核，确保问卷题项的达意与原量表一致；其次，邀请15位MBA（master of business administration，工商管理硕士学位）学员扮演企业总经理角色对问卷进行第二轮试测，根据学员在填写中的疑惑和反馈，进一步修正调查问卷的表述；再次，邀请从事二十余年社会调查的朋友及其团队进行问卷的第三轮试测，组织不具备管理经验的普通员工和普通访问员阅读并试填问卷，理清问卷中存在歧义或语义混淆的地方，根据专业社会调查人士的意见，进一步修改和完善问卷表述，确保普通人能准确理解问卷题项所表达的含义；最后，邀请10位不属于调查总体的新三板挂牌企业总经理进行问卷试填，一方面针对调查数据进行信度分析，另一方面进一步获取总经理对调查问卷的反馈，进一步修正问卷。基于上述四个步骤，我们最终定稿了调查问卷。

第三，采用线下接触与线上问卷相结合的方式开展调查。基于"全国中小企业股份转让系统"网站发布的信息，我们可用于推动调查的资源包括：公司基本联络信息（包括公司注册地、办公地等）、公司现任总经理姓名、公司信息披露人[①]的联系信息（电子邮箱、邮寄地址、联系电话）等。最关键的是，我们并不掌握被调查公司总经理的任何个人联系信息。基于已有的资源，我们设计了"邮寄邀请函—电话接触推动—发送问卷链接"的基本调查思路：①利用公司基本联络信息，向公司总经理邮寄正式的纸质调查邀请函，如果总经理看到邀请函，愿意参加调查，可以通过扫描二维码或拨打电话方式联系到项目团队；②利用公司信息披露人的电子邮箱信息，向公司信息披露人发布正式的电子调查邀请函，这一邀请函所传达的信息非常简单明确，邀请公司信息披露人向总经理传达调查信息，并邀请和说服总经理参与调查；③利用公司信息披露人的电话信息，拨打电话努力直接接触到被调查公司总经理，说服总经理参与调查[②]；④在有效接触到被调查公司总经理并说服其同

[①] 在调查之前，我们详细整理了被调查公司的联络信息以及公司信息披露人的详细信息。公司信息披露人在公司担任的职务包括董事长/总经理、副总经理、董事、董事会秘书、财务负责人与其他等。基于这些职务，我们判断，公司信息披露人在公司与总经理之间的职位以及空间距离非常近，在难以直接接触到被调查公司总经理的情况下，通过公司信息披露人有可能间接接触到被调查公司总经理。

[②] 在公司年度报告中信息披露人一栏公布的电话，可以划分为以下四类：前台电话、总经理/总助电话、公司信息披露人电话、部门电话。针对总经理/总助电话，我们的策略是说服邀请总经理参与调查；针对前台电话，我们的策略是利用沟通技巧请前台转接总经理；针对公司信息披露人电话，我们的策略是邀请其帮忙联系总经理推动调查，同时争取能拿到总经理的邮箱或电话等个人联系方式；针对部门电话，我们的策略是直接放弃，因为这种电话难以转接到任何其他部门，更难以有效接触到总经理。

意参与调查的条件下,再给总经理的个人电子邮箱发送在线问卷链接,每位总经理有专属的问卷填写密码,在成功回收问卷之前,定期对总经理进行追访,尽可能地降低成功样本的流失率。调查工作的基本逻辑,见图2-2。

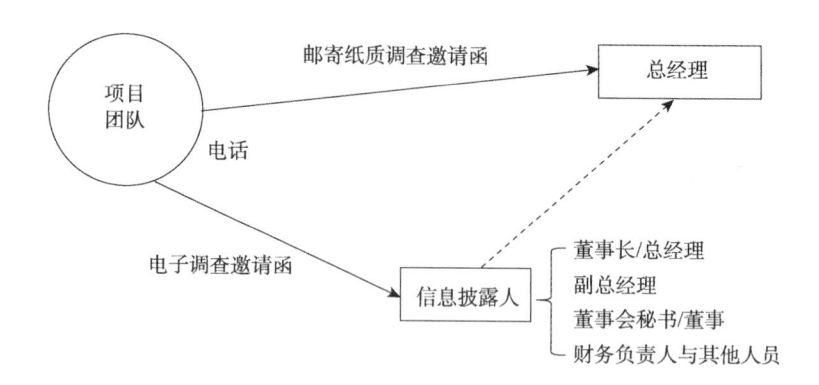

图 2-2 调查工作的基本逻辑

实线箭头表示项目团队直接联系企业人员;虚线箭头表示企业人员间接联系到总经理

第四,调查员培训与调查实施的关键要点。基于调查的基本思路,杨俊牵头组织了由4位同学组成的调查团队,并对调查员就调查实施的基本原则和关键要点进行了系统性培训。这些关键要点包括:①等效接触原则,在有效接触到总经理或公司信息披露人之前,每家公司至少电话接触3次以上,目的是保证调查总体中的每家企业有均等的机会参与调查。②有效反馈原则,对应调查研究中的应答率问题。对于所接触的每家被调查企业,只有在有效接触到总经理或公司信息披露人并给予明确反馈的前提下,才可以判断该企业在调查中所处的状态(成功或拒绝),若3次以上均未能接触到总经理或公司信息披露人,将该公司判断为失联状态。③有效追访原则,对于已经同意接受调查的被调查企业,定期追访总经理并提醒其填写问卷,降低成功样本的流失率。

第五,关于样本量和抽样问题。2017年11月1日至11月7日,我们在865家被调查企业中按照系统抽样原则随机选择了29家企业进行了试调查,目的是检验调查设计和方案的可行性,结果表明,有3家企业的总经理成功接受了调查,应答率为10.3%。基于试调查的结果,我们设定了样本量不得低于100份,尽可能达到300份的调研目标,即应答率为12%~35%。关于抽样问题,这次调查是对总体的全样本调查,故不存在抽样的设计问题。

2017年11月8日至2018年1月31日,问卷调查工作全面展开,共成功接触到293家企业的总经理、总经理助理或董事会秘书(占比33.9%),其中,136家企业总经理愿意接受调查(占比46.4%),157家企业的总经理拒绝接受调查(占比53.6%)。对于剩余的572家企业(占比66.1%),我们未能成功接触到公司的总经理、总经理助理或董事会秘书。针对 136 家愿意接受调查的企业，成功回收 101 份有效问卷，有效问卷回收率为 74.3%[①]，共 35 家愿意接受调查的企业总经理因各种原因未能成功提交问卷（占比 25.7%）。

我们针对每家被调查企业采用标准调查流程推进调查工作。借助调查公司将正式的纸质版邀请函邮寄给被调查公司的总经理，这封邮件在外包上标注两点重要信息，一是总经理本人亲启，二是标注南开大学，目的是提升总经理收到并阅读纸质邀请函的可能性，借助这一流程，我们判断会有被调查公司的总经理愿意接受调查，并会主动联系我们。在邮寄纸质版邀请函之后，利用南开大学教工邮箱给被调查公司在年度报告中的公司信息披露人电子邮箱发送电子版邀请函，目的是邀请公司信息披露人帮忙邀请或推动公司总经理接受问卷调查。在上述两项工作的基础上，我们拨打被调查公司在年度报告中的公司信息披露人电话，尝试通过该电话联络被调查公司的总经理或公司信息披露人，进一步邀请并说服公司总经理接受问卷调查。

为了确保总经理本人亲自填写问卷，我们在调查实施过程中采取了如下措施：①在得到总经理的私人电话、私人邮箱或私人微信确认参与调查后，我们才将调查问卷链接和填写密码通过邮件回复或微信回复的方式提供给被调查者。②在某些情况下，被调查公司总经理愿意接受调查，责成公司董事会秘书或其他高管来负责联络工作，我们会将问卷链接和填写密码发送给总经理授权联络人，并要求联络人将问卷链接和填写密码转发给总经理的同时将邮件抄送给专门用于调查联络的南开大学教工邮箱。③某些情况下，在邮件、电话或微信沟通中，被调查公司的总经理表示倾向于填写纸质版问卷，我们会在沟通中明确表示要求总经理在填写纸质版问卷后，签署确认是本人亲自填写，在收到问卷后，我们又利用电话进行回访确认。④在调查问卷中，我们要求被调查公司总经理填写名字、手机（电话）和电子邮箱等信息，利用这些信息与我们掌握的总经理手机（电话）或电子邮箱进行核对来交互验证。同时，调查团队针对被调查企业的上述关键联络信息进行了证据留存。

图 2-3 概括了调查工作实施的基本情况以及 101 份有效问卷的来源和渠道[②]。值得一提的是，865 家被调查企业年度报告中公布的公司信息披露人电话中，有 169 家

[①] 问卷回收率远低于乐观的预期目标，主要原因是调查的时机不适宜，调查期间恰好处于财务年尾和农历年尾，不少被调查公司的总经理都在外出差，我们多次电话联系均没有联系上，部分同意接受调查的公司总经理因过于忙碌等原因，尝试登录问卷链接填写一部分后就放弃了。如果在 2017 年 9 月启动调查，成功率很有可能会达到 30%，有效问卷回收率也很可能会达到 90%。

[②] 对主动联系和电话联系的有效样本回收率进行统计比较发现，两者之间的有效样本回收率存在着显著差异，造成这一事实的原因可能有两个：一是两者之间参与意愿的差异，主动联系的总经理看到了调查团队邮寄的纸质邀请函，具有更高的参与意愿；电话联系则是调查团队推动实施的调查，意愿相比主动联系的总经理更低。二是主动联系大约集中发生在 2017 年 11 月中旬至 12 月中旬，这段时间总经理的时间相对更加充裕，电话联系成功样本的流失集中发生在 2017 年 12 月底至 2018 年 1 月底，这段时间总经理非常忙碌，2018 年 1 月的成功样本流失率最高，占到流失成功样本的 85%。

企业发布的是错误电话号码，51 家企业发布的是公司部门电话，这 220 家公司我们无法通过电话途径来接触到公司总经理或董事会秘书①。这意味着，调查所可能接触到的样本总量仅为 645 家，按照这个总量进行测算，调查的成功率为 21.1%，有效问卷回收率为 15.7%。依据我们调研对象的特殊性来看，成功率和回收率已经达到了不错的水平，也在一定程度上证实了我们设计的调查方案的有效性。

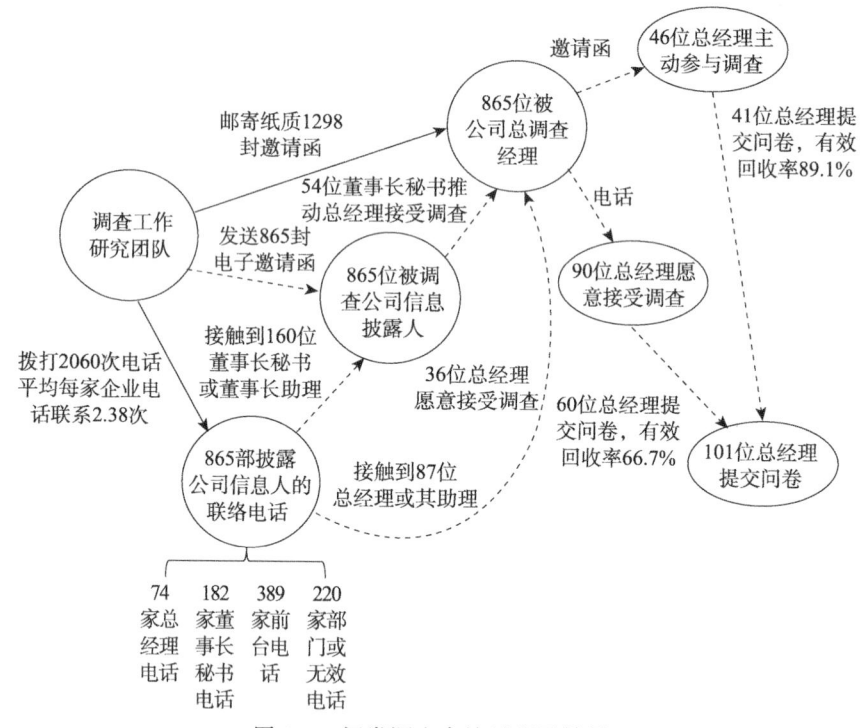

图 2-3 问卷调查实施过程及结果
实线箭头表示项目团队直接联系企业人员的路径；虚线表示直接联系后产生的间接联系及其结果
（其中粗箭头表示电话联系；细箭头表示电子或纸质邀请函联系）

调查团队自 2017 年 11 月 8 日至 30 日，先后邮寄了 865 封正式的纸质邀请函，2018 年 1 月 3 日至 7 日，我们又针对电话联系中判定的失联企业邮寄了 433 份正式的纸质邀请函，共计邮寄了 1298 份纸质邀请函。在 24 个工作日内，调查团队总共拨打 2060 次电话，平均每个工作日拨打 85.8 个电话，平均每家企业拨打电话 2.38 次，从不同样本状态的电话拨打数量分布来看，在剔除掉 220 家不可接触企业后，成功样本的平均拨打电话次数达到 2.98 次，失联样本的平均拨打电话次数为 2.74 次，表明调

---

① 在这里，我们表达的不可接触性是根据我们设计的调查方案而言，同时据调研团队的判断，这一调查方案是用于解决被调查企业地理分布广以及调查对象独特性两个重要问题的可行方案。尽管我们可以通过面访等途径去接触 220 家企业，但考虑到时间、成本等因素的制约，这一方案的可行性其实非常低，至少有两个原因：第一，面访很可能会被挡在公司前台；第二，即便没有被挡在前台，突兀的拜访反而会引起被调查企业总经理的反感。

查团队在调查实施中严格执行了调查计划，每家企业原则上 3 次以上不能接触到总经理或董事会秘书，才能判断为失联样本，见表 2-1。

表 2-1　819 家企业的电话联络情况统计　　　　（单位：次）

拨打电话情况	失联样本	成功样本	拒绝样本	统计值
平均值 [a]	2.74	2.98	2.15	$F = 15.933$
标准差 [a]	1.25	1.29	1.34	$p = 0.000$
最小值 [a]	1.00	1.00	1.00	$N = 599$
最大值 [a]	8.00	7.00	7.00	
平均值 [b]	2.46	2.97	2.15	$F = 12.245$
标准差 [b]	1.25	1.29	1.34	$p = 0.000$
最小值 [b]	1.00	1.00	1.00	$N = 819$
最大值 [b]	8.00	7.00	7.00	

注：865 家企业中，有 46 家企业总经理在收到邮寄的纸质邀请函后主动联络我们参与调查，所以我们通过电话联络接触总经理的被调查企业总量为 819 家

a 表示剔除 220 家不可接触企业后的 599 家企业的统计；b 表示 819 家企业的统计

　　从邮件联系上看，除了给 865 家被调查公司信息披露人发送电子版邀请函，我们还涉及将邮件作为与被调查公司总经理或公司信息披露人之间电话联络的补充渠道，用于向总经理或公司信息披露人传递电话沟通难以传递的信息。概括起来，我们总共发送 1317 封电子邮件，平均每家企业 1.52 封邮件，给被调查企业发送的最大邮件数量为 6 封。按照调查实施计划，针对成功样本，一方面要给总经理或公司信息披露人发送问卷填写链接邮件，另一方面还要通过邮件定期提醒总经理登录填写问卷，邮件发送次数自然会最高。基于调查工作记录的统计分析表明，不同状态的邮件数量存在着显著性差异（$F = 107.257$，$p = 0.000$），失联样本的邮件联络平均值是 1.35 次（标准差为 0.65），成功样本的邮件联络平均值是 2.41 次（标准差为 1.14），拒绝样本的邮件联络平均值是 1.39 次（标准差为 0.79）。这一结果从邮件联系的角度表明，调查团队严格遵照调查实施计划执行调查。

　　上述结果表明，调查团队在执行调查计划方面并没有出现偏差或失误，我们可以保证所有问卷均由公司总经理亲自填写，所回收的调查问卷具有较高的可信度[①]。更为重要的是，除了可信度，有效样本质量的核心在于代表性而不在于样本数量，从总体上看，101 份调查问卷具有很好的代表性。

---

① 在 101 份有效问卷中，有 5 家企业的情况特殊，由于公司治理方面的特殊原因，公司在公开信息中公布的总经理长期在国外或不实质参与公司管理和经营，公司的管理和经营由公司的常务副总经理负责，总经理只是名义上的公司负责人。经过反复电话沟通，我们同意这 5 家企业的问卷由负责公司管理和经营的常务副总经理填写。这 5 家企业的股票代码分别是：831472、835013、830953、832015、835305。

第一，调研设计克服了由调查员能力差异带来的抽样偏差。尽管在调查正式实施前，对调查员进行了系统培训，但是调查员能力存在的差异，可能会导致调查过程中接触到总经理/公司信息披露人可能性的偏差，这是导致抽样误差的最关键因素，即调查员能力导致有些可能被抽取的样本没有被成功抽取。在考虑调查员能力差异是否带来偏差之前，我们检验了不同调查员所负责的被调查企业群体的电话分布是否存在差异，因为电话属性不同显然会导致调查员所负责被调查企业可接触性的系统性偏差。统计发现，5位调查员所负责的被调查企业的电话性质分布并不存在显著性差异，进一步检验发现，5位调查员接触到被调查总经理/公司信息披露人的概率分布也不存在显著性差异。这表明，调查并不存在调查员能力差异所引起的偏差，在一定程度上反映出调查前培训的有效性和必要性。

第二，关于220家不可接触被调查企业与645家可接触被调查企业的偏差检验。尽管在调查设计上，我们采用邮寄纸质邀请函与电话联系相结合的设计，但从理论和实际效果上看，电话联系是联络并邀请被调查企业总经理参与调查的主要手段，图2-3也表明，101份有效问卷中，有60份问卷来自电话联络，占有效问卷的60%。那么，就很有必要检验年度报告中发布的电话号码错误及发布部门电话导致我们不可能通过电话途径接触到总经理或公司信息披露人的220家被调查企业是否会带来系统性偏差。我们以10项企业基本特征指标为标准对220家和645家被调查企业做了统计比较，发现除了挂牌前一年每股净资产和挂牌时生存年限指标，其他指标方面并不存在显著差异，可以基本认定不可接触的220家企业不会给调查带来系统性偏差。

第三，关于成功接触样本和未能成功接触样本的偏差检验。按照调查实施计划，我们将被调查企业划分为成功、拒绝和失联三种结果状态，其中，成功和拒绝样本意味着我们成功接触到了被调查企业的总经理或公司信息披露人，而失联样本则意味着我们未能成功接触到被调查企业的总经理或公司信息披露人。那么，成功接触样本和未能成功接触样本之间，是否存在着系统性偏差呢？换句话说，是否是某些企业因素导致其更容易被接触，如规模，这些因素有可能给我们的调查带来抽样偏差。我们以10项企业基本特征指标为标准对293家成功接触样本和572家未能成功接触样本做了统计比较，发现除了挂牌前一年资产负债率指标，其他指标方面并不存在显著差异，可以基本认定未成功接触的企业样本不会给调查带来系统性偏差。

第四，关于成功样本和拒绝样本的偏差检验。我们以10项企业基本特征指标为标准对136家成功接触样本和157家拒绝样本做了统计比较，发现除了挂牌前一年资产负债率指标，其他指标方面并不存在显著差异，可以基本认定拒绝样本不会给调查带来系统性偏差。

第五，关于有效样本的代表性检验。我们进一步从有效样本的地域分布、创建年限、挂牌年限、所属行业等四个方面检验了其相对于总体的代表性。描述性分析结果综合表明，尽管从有效样本/总体样本的比例分布来看，在地域分布、创建年限、挂牌年限和所属行业等四个方面的比例分布存在着一些差异，但有效样本相对于总体样本的上述四项特征频次分布具有较好的相似性，即抽取到的有效样本在地域分布、创建年限、挂牌年限和所属行业等四个方面的分布上与总体样本相比较具有一致性。可以判断，抽取到的101份有效问卷能够代表总体的基本特征。

2.4　数据库的进一步拓展与丰富

跨校学术团队在联合研究中不断共同建设和丰富CPSED Ⅱ数据库。在具体研究工作中，以研究问题为导向，从董事会外部网络、风险投资、高管团队岗位设置、地区环境等微观主题入手进一步建设和丰富CPSED Ⅱ数据库，主要包括：西南政法大学韩炜教授牵头组织研究团队增添了董事会外部网络数据，补充了1500多条董事外部任职信息。华中科技大学叶竹馨副教授牵头补充了969家新三板IT企业高管团队岗位设置方面的信息。暨南大学叶文平副教授将地区生产总值、市场化指数、创业环境等地区环境数据与969家新三板IT企业数据匹配起来。浙江大学沈睿研究员通过公开转让说明书、Wind数据库、CVSource投中数据库、私募通等渠道，收集了参与投资969家新三板IT企业的所有风险投资机构信息，截止到2018年底，366家新三板企业获得了1118笔风险投资。通过中国证券投资基金业协会、风险投资机构官网等渠道，手动检索并收集风险投资机构投资人的人口统计学特征、教育背景、工作经验、过往投资经验等信息。将风险投资数据与新三板IT企业数据相匹配，风险投资数据包括投资人、投资机构和交易记录三个层面的信息，为探讨创业者与投资人、创业团队与投资团队之间的互动提供了丰富的数据。

第 3 章

新三板 IT 企业董事会对企业经营和业绩的影响[①]

谁在管理新三板 IT 企业？这是我们关心的第一个重要问题。特别是对于新三板 IT 企业而言，企业家在很大程度上决定着企业和产业发展的品质和前景。美国因为长期持续的技术创新和一批富有企业家精神的人才推动着新技术的商业化应用，涌现出不少在产品或服务、商业模式等方面具有引领性的创新性企业，不断提升企业竞争格局和层次，在新兴行业形成了明显的优势。

955 家企业在公开招股书中涉及 5026 位董事会成员，平均每家企业的董事会成员规模为 5.26 位。必须要指出的是，在对二手数据进行编码时，每家企业至多录入了 7 位董事会成员信息。但在 955 家企业中，有 12 家企业的董事会规模大于 7 位（其中，有 2 家企业的董事会成员规模为 11 位；10 家企业的董事会成员规模为 9 位）[②]，因此，在数据库中实际包含 4998 位董事会成员信息（在上述 12 家企业总共缺失 28 位董事会成员的相关信息）。

3.1　董事会性别结构及其对企业经营和业绩的影响

直观判断，在互联网和信息技术等新兴技术领域，女性董事应该不多见。但基于对 955 家新三板 IT 企业的分析，发现在 4998 位董事会成员中，女性数量为 1032 位，占 20.65%，有 9.4%（90 家）的企业的董事长为女性。同时并没有发现女性董事的涌现存在着地区差异、行业差异、挂牌年份差异和生存年限差异，这意味着女性董事在互联网和信息技术领域的涌现是一个普遍存在的新现象，非常值得关注。女性董事的大幅度介入可能给企业经营和业绩带来什么样的影响？下

[①] 本书中分析新三板 IT 企业样本时不足 969 家全样本的情形，以及分析新三板制造企业样本时不足 706 家全样本的情形，皆因所涉及变量信息缺失。

[②] 11 位董事会成员的企业股票代码为：834069、836484。9 位董事会成员的企业股票代码为：831755、832653、832715、833109、833208、833589、833811、834057、834385、835736。

面从董事会女性占比以及董事会性别异质性两个角度展开分析。

3.1.1 董事会女性占比及其对企业经营和业绩的影响

这一部分主要分析董事会女性占比对企业经营和业绩的影响。具体而言，依据董事会女性占比，将955家企业划分为四类：女性主导组（董事会女性占比大于或等于50.00%）、高女性占比组（董事会女性占比介于20.65%～50.00%）、低女性占比组[董事会女性占比介于0～20.65%（含）]、无女性组（无女性董事会成员）。

从分布情况来看，无女性组占比仅为31.8%，低女性占比组占比为36.9%，高女性占比组占比为24.5%，女性主导组占比为6.8%。在女性主导组中，女性董事数量的平均值为3.18人；在高女性占比组中，女性董事数量的平均值为2.02人；在低女性占比组中，女性董事数量的平均值为1人。

首先，董事会女性占比与企业挂牌当年年底的总资产（相关系数为-0.154，$p=0.000$）和营业收入（相关系数为-0.125，$p=0.000$）负相关，对于盈利企业而言，董事会女性占比与企业挂牌当年年底的净利润（相关系数为-0.153，$p=0.000$）负相关。基于性别的分组在总资产（$F=8.293$，$p=0.000$）、营业收入（$F=6.314$，$p=0.000$）和净利润（$F=2.570$，$p=0.053$）方面表现出了显著性差异，针对盈利企业而言，不同组间的净利润差异更加显著（$F=7.125$，$p=0.000$）。

随着董事会女性占比的提高，企业挂牌当年年底的总资产、营业收入和净利润平均值逐步降低。对于挂牌当年年底的总资产而言，女性主导组的平均值为3.54，低于其他三组，特别是大幅度低于无女性组的3.82；对于营业收入而言，女性主导组的平均值为3.46，低于其他三组，特别是明显低于无女性组的3.71；对于净利润而言，女性主导组平均值为2.02，明显低于无女性组的2.28；对于盈利企业的净利润而言，女性主导组平均值为2.53，低于其他三组，特别是明显低于无女性组的2.89（表3-1）。

表 3-1　新三板IT企业董事会女性占比与业绩差异

业绩指标		女性主导组	高女性占比组	低女性占比组	无女性组
总资产	平均值	3.54↓	3.70	3.67	3.82↑
	标准差	0.36	0.47	0.51	0.49
营业收入	平均值	3.46↓	3.58	3.56	3.71↑
	标准差	0.51	0.52	0.55	0.57
净利润（所有企业）	平均值	2.02↓	2.19	2.02	2.28↑
	标准差	1.14	1.19	1.29	1.30
净利润（盈利企业）	平均值	2.53↓	2.70	2.70	2.89↑
	标准差	0.57	0.62	0.63	0.62

注：标注箭头的表明两两配对的方差检验在统计上存在显著差异，其中，上箭头表示最大值，下箭头表示最小值

其次，董事会女性占比与产品或服务创新性（相关系数为-0.112，p=0.001）、著作权数量（相关系数为-0.107，p=0.001）和专利数量（相关系数为-0.088，p=0.007）均呈现为负相关关系，基于性别的分组在产品或服务创新性（F=4.664，p=0.003）、著作权数量（F=2.597，p=0.051）和专利数量（F=2.176，p=0.089）等方面表现出了显著性差异。

随着董事会女性占比的提高，产品或服务创新性逐次降低：女性主导组的产品或服务创新性平均值为48.07，高女性占比组为50.44，低女性占比组为54.59，无女性组为54.74。董事会女性占比越高，企业著作权和专利数量越少：女性主导组的著作权和专利数量平均值分别为15.49和2.34，高女性占比组分别为19.06和2.98，低女性占比组分别21.36和3.82，无女性组分别为23.84和6.17，见图3-1。

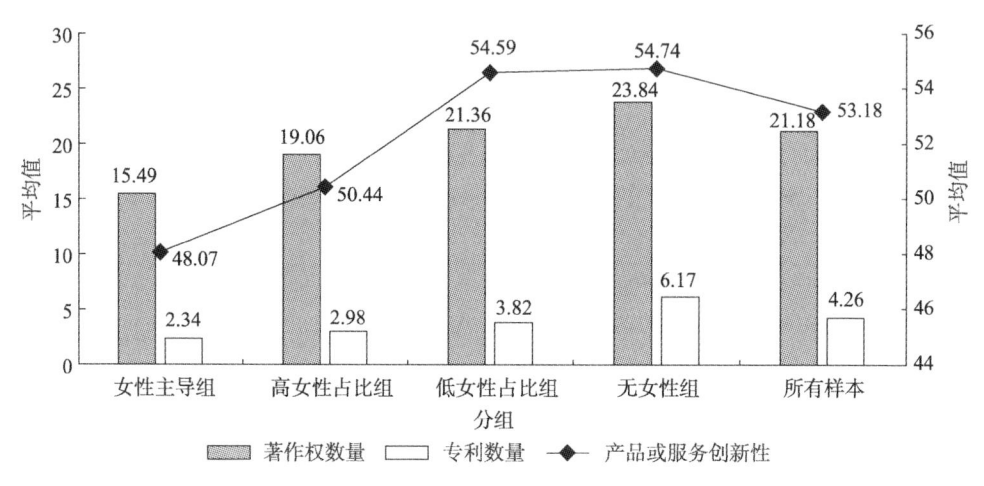

图3-1 新三板IT企业董事会女性占比与著作权数量、专利数量和产品或服务创新性差异

最后，并没有发现董事会女性占比导致企业总资产增长率、营业收入增长率和净利润增长率差异的统计证据。无论是比较女性主导组、高女性占比组、低女性占比组、无女性组，还是比较有女性组与无女性组，都没有发现总资产增长率、营业收入增长率和净利润增长率在组间存在显著性差异的证据。

3.1.2 董事会性别异质性及其对企业经营和业绩的影响

董事会性别异质性仍然会对企业业绩产生影响。与董事会女性占比不同，这一指标主要是综合考察董事会成员中的男女配比，而不在乎比例构成中的男性多于女性还是女性多于男性。假设两家企业均有5位董事，第一家为四男一女，第二家为四女一男，这两家公司董事会女性占比显然不同，但其性别异质性却是一样的。性别异质性之所以重要，主要原因有两点：一是性别差异会导致思维和决策差异，性别异质性高有助于带来决策过程中的思维完备性，有助于改善企业绩效;二是社会对于不同性别的角色期待不同,性别异质性高有可能会带来角色冲突,不利于企业经营和业绩。

以性别异质性指数为依据,将955家企业划分为三组:一是高异质性组(性别异质性指数大于或等于0.40,即在这样的董事会中,男女性别大致相当,性别主导不明显);二是适度异质性组(性别异质性指数介于0~0.40,即在这样的董事会中,男女性别失衡,数量上存在性别主导);三是同质组(性别异质性指数等于0,即在这样的董事会中,全部为男性成员)。从分布来看,高异质性组的新三板IT企业占比为24.00%,适度异质性组的新三板IT企业占比为44.20%,同质组的新三板IT企业占比为31.80%。在高异质性组中,男女性别的平均异质性指数为0.41,在适度异质性组中,男女性别的平均异质性指数为0.29。

首先,董事会性别异质性与企业挂牌当年年底的总资产(相关系数为–0.125,p=0.000)和营业收入(相关系数为–0.119,p=0.000)负相关,对于盈利企业而言,董事会性别异质性与企业挂牌当年年底的净利润(相关系数为–0.144,p=0.000)负相关。这一结果表明,与西方情境不同的是,董事会性别异质性越强似乎业绩表现越差。基于董事会性别异质性的分组在挂牌当年年底总资产(F=9.753,p=0.000)、营业收入(F=8.045,p=0.000)和净利润(F=4.060,p=0.018)方面表现出了显著性差异,特别是盈利企业,不同组间在净利润方面的差异更加显著(F=8.870,p=0.000)。

表3-2显示,同质组在挂牌当年年底的总资产、营业收入和净利润表现最好,这一结果再次验证了基于性别分组比较发现的没有女性董事的企业在业绩表现上更好。但有趣的是,在有女性董事的企业中,董事会性别异质性可能起到了很大的作用,董事会性别结构高异质性的企业业绩要优于董事会性别结构适度异质性的企业。这意味着,在有女性董事的企业中,女性成员与男性成员数量越逼近相当,企业业绩可能越好;女性成员数量较男性处于劣势或优势时,企业业绩可能较低。

表3-2　新三板IT企业董事会性别异质性与企业业绩差异

业绩指标		高异质性组	适度异质性组	同质组	合计
总资产	平均值	3.69	3.66↓	3.82↑	3.72
	标准差	0.45	0.50	0.49	0.49
营业收入	平均值	3.57	3.55↓	3.71↑	3.61
	标准差	0.49	0.56	0.57	0.55
净利润(所有企业)	平均值	2.20	2.02↓	2.28↑	2.15
	标准差	1.17	1.28	1.30	1.27
净利润(盈利企业)	平均值	2.68↓	2.68↓	2.89↑	2.75
	标准差	0.62	0.63	0.62	0.63

注:标注箭头的表明两两配对的方差检验在统计上存在显著差异,其中,上箭头表示最大值,下箭头表示最小值

其次，董事会性别异质性与产品或服务创新性（相关系数为-0.074，$p=0.021$）、著作权数量（相关系数为-0.076，$p=0.019$）和专利数量（相关系数为-0.080，$p=0.013$）均呈现为负相关关系，基于性别异质性的分组在产品或服务创新性（$F=4.047$，$p=0.018$）、著作权数量（$F=3.454$，$p=0.032$）和专利数量（$F=3.192$，$p=0.042$）等方面表现出了显著性差异。董事会性别异质性越高，企业产品或服务创新性越低：同质组的产品或服务创新性平均值为54.74，适度异质性组为53.66，高异质性组为50.22。董事会性别异质性越高，企业著作权和专利数量越低：同质组的著作权和专利数量平均值分别为23.84和6.17，适度异质性组分别为21.09和3.70，高异质性组分别为17.83和2.76（图3-2）。

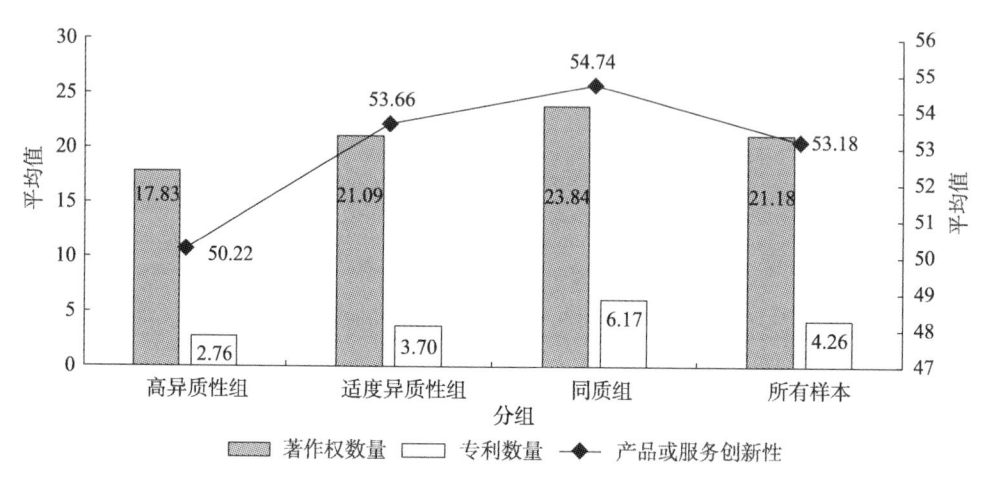

图 3-2 新三板 IT 企业董事会性别异质性与著作权数量、专利数量和产品或服务创新性差异

这一结果再次验证了基于性别的分组比较结果。董事会性别结构同质组的企业在产品或服务创新性、著作权数量和专利数量等方面的表现最好；与适度异质性组相比较，董事会性别结构高异质性的企业在产品或服务创新性、著作权和专利数量等方面的表现更低。

最后，并没有发现性别异质性占比导致企业总资产增长率、营业收入增长率和净利润增长率差异的统计证据。无论是比较高异质性组、适度异质性组、同质组，还是比较有女性组与无女性组，都没有发现总资产增长率、营业收入增长率和净利润增长率在组间存在显著性差异的证据。

更为重要的是，董事长性别可能在很大程度上会影响董事会的性别结构。在955家企业中，有9.4%（90家）的企业的董事长为女性，剩余的865家企业董事长为男性。与董事长为男性的企业相比较，女性董事长领衔的企业在董事会女性占比和性别异质性等方面的表现都更高。女性董事长领衔企业的董事会女性占比平均值高达 37%（相较于男性董事长领衔企业的 19%），性别异质性平均值高达

0.35（相较于男性董事长领衔企业的 0.21）。

基于上述分析，女性董事在 IT 等新兴技术领域的角色和作用非常值得关注。可以初步形成的判断是：尽管女性董事已经在 IT 等新兴技术领域变得越来越普遍，但似乎对企业业绩的贡献度仍然低于男性董事。可能的原因是：第一，女性董事在 IT 等新兴技术领域存在职业合法性问题，即有可能女性董事在能力和素质上并不弱于男性，但社会和企业利益相关者仍然可能对女性董事的职业声望认知有偏差；第二，在 IT 等新兴技术领域，女性董事可能在引领企业开发和应用技术商业化等方面的实际能力仍较弱于男性。

3.2 董事会年龄结构及其对企业经营和业绩的影响

年龄结构是董事会特征的重要变量。因为年龄意味着经验、阅历、网络和知识等外显因素的丰富程度和新鲜程度，以及体力、精力、心理等内隐因素的不同状态和水平。特别是对于互联网和信息技术等新兴行业领域，董事会的年龄结构可能非常重要，一方面新兴行业首先意味着"新"，因为新所以强调管理团队的开拓、创新、知识结构；另一方面新兴行业还意味着"风险"，因为风险所以强调董事会的持重、定力和洞察力。下面，分别从新三板 IT 企业董事会平均年龄和年龄异质性两个角度展开分析来回应上述问题。

3.2.1 董事会平均年龄特征及其对企业经营和业绩的影响

955 家新三板 IT 企业董事会平均年龄的均值为 41.7，董事会平均年龄的均值不存在地区差异和挂牌年份差异，但存在着行业差异和生存年限差异。在互联网和相关服务行业，董事会平均年龄的均值为 40.0，在统计上显著低于软件和信息技术服务业企业的均值 42.2（$F=32.320$，$p=0.000$）；生存年限小于 8 年的企业董事会平均年龄的均值为 40.3，在统计上显著低于生存年限大于或等于 8 年企业的均值 43.0（$F=72.124$，$p=0.000$）。这意味着在过去几年里，互联网和信息技术领域新兴企业管理团队的年轻化趋势非常明显，"70 后"是新三板 IT 企业董事会的主导群体，特别是在互联网和相关服务行业，"80 后"已经在新三板 IT 企业董事会中占据主导。

第一，总体上看，董事会平均年龄与挂牌当年年底总资产（相关系数为 0.216，$p=0.000$）和营业收入（相关系数为 0.148，$p=0.000$）呈现为显著性正相关关系，与挂牌当年年底总资产增长率呈现为显著性负相关关系（相关系数为 –0.92，$p=0.047$），针对盈利企业而言，与挂牌当年年底的净利润（相关系数为 0.113，$p=0.002$）呈现为显著正相关关系。但在不同行业和不同生存年限条件下，董事会平均年龄与企业业绩的关系存在显著差异。

在考虑行业差异的条件下，依据董事会平均年龄，将955家企业划分为两组：一组是高龄组（在软件和信息技术服务业，平均年龄大于或等于42.2岁；在互联网和相关服务行业，平均年龄大于或等于40岁）；另一组是低龄组（在软件和信息技术服务业，平均年龄小于42.2岁；在互联网和相关服务行业，平均年龄小于40岁）。

在不同行业中，董事会平均年龄与企业业绩的关系存在显著性差异。从规模角度看，在互联网和相关服务行业内，高龄组和低龄组企业在挂牌当年年底总资产、营业收入和净利润方面并不存在显著性差异，针对盈利企业而言，两组间的净利润也不存在显著性差异。在软件和信息技术服务业，高龄组企业在挂牌当年年底总资产（$F=46.861$，$p=0.000$）和营业收入（$F=27.442$，$p=0.000$）的平均值均显著高于低龄组，针对盈利企业而言，高龄组企业的净利润显著高于低龄组（$F=15.620$，$p=0.000$）。从增长率看，在互联网和相关服务行业内，低龄组企业总资产增长率和营业收入增长率均值都显著高于高龄组；在软件和信息技术服务业内，高龄组和低龄组在总资产增长率和营业收入增长率方面并没有表现出显著性差异（图3-3）。

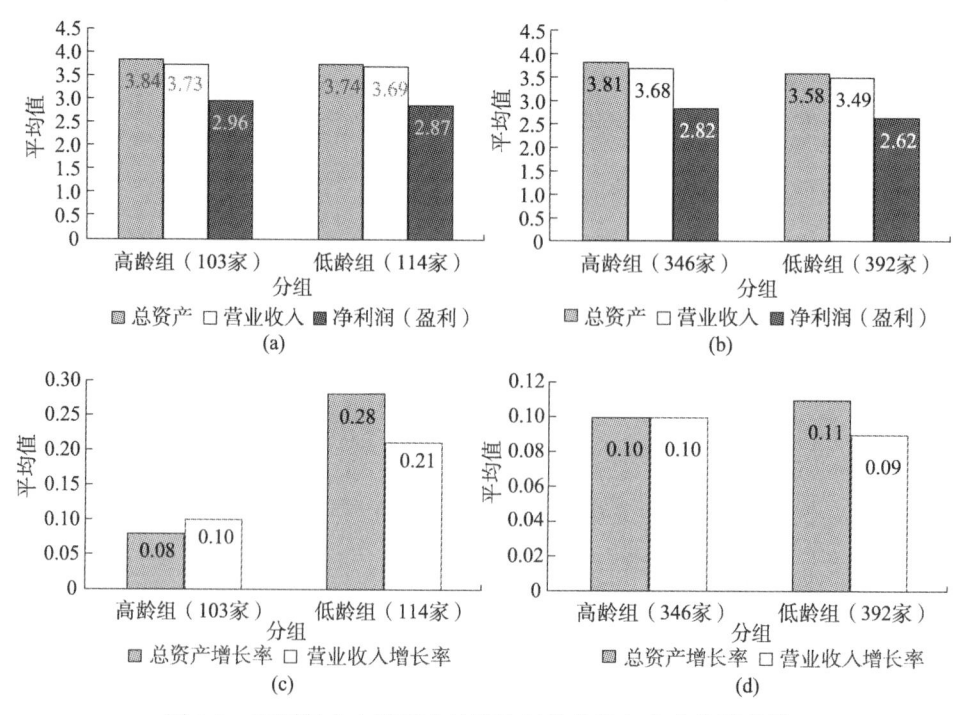

图3-3 不同行业内董事会的平均年龄分组与企业业绩差异

图（a）为互联网和相关服务行业高龄组和低龄组企业的总资产、营业收入和净利润（盈利）比较；
图（b）为软件和信息技术服务业高龄组和低龄组企业的总资产、营业收入和净利润（盈利）比较；
图（c）为互联网和相关服务行业高龄组和低龄组企业的总资产增长率和营业收入增长率比较；图（d）为软件和信息技术服务业高龄组和低龄组企业的总资产增长率和营业收入增长率比较

在考虑生存年限差异的条件下,依据董事会平均年龄,将 955 家新三板 IT 企业划分为两组:一组是高龄组(对于生存年限小于 8 年的企业,董事会平均年龄大于或等于 40.3 岁;对于生存年限大于或等于 8 年的企业,董事会平均年龄大于或等于 43.0 岁);另一组是低龄组(对于生存年限小于 8 年的企业,董事会平均年龄小于 40.3 岁;对于生存年限大于或等于 8 年的企业,董事会平均年龄小于 43.0 岁)。

在不同生存年限组,董事会平均年龄与企业业绩之间的关系存在显著差异,见图 3-4。从规模角度看,对于生存年限小于 8 年的企业,高龄组的总资产平均值显著高于低龄组,但在营业收入和净利润方面并没有显著性差异,对于盈利企业而言,高龄组与低龄组的净利润水平也没有显著性差异;对于生存年限大于或等于 8 年的企业,高龄组总资产($F=10.367, p=0.001$)和营业收入($F=6.956, p=0.009$)的平均值都显著高于低龄组,对于盈利企业而言,高龄组的净利润显著高于低龄组($F=5.443, p=0.020$)。从增长率看,对于生存年限大于或等于 8 年的企业,低龄组的总资产增长率显著高于高龄组,但在营业收入增长率方面没有显著性差异;对于生存年限小于 8 年的企业,高龄组和低龄组在总资产增长率和营业收入增长率方面都没有显著性差异。

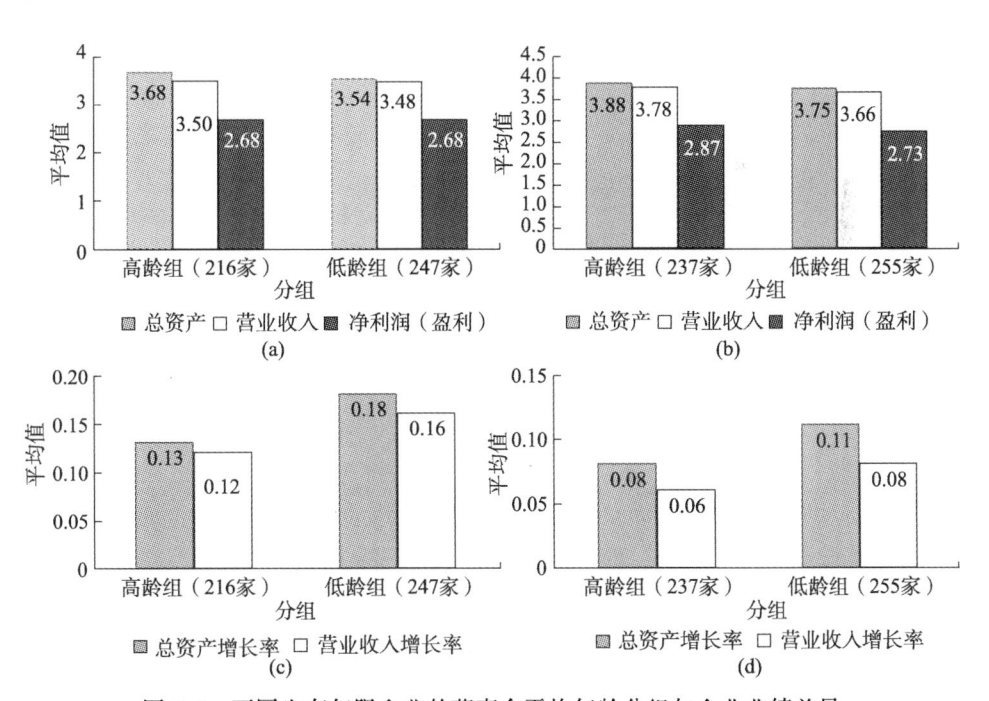

图 3-4　不同生存年限企业的董事会平均年龄分组与企业业绩差异

图(a)为生存年限小于 8 年的高龄组和低龄组企业的总资产、营业收入和净利润(盈利)比较;图(b)为生存年限大于或等于 8 年的高龄组和低龄组企业的总资产、营业收入和净利润(盈利)比较;图(c)为生存年限小于 8 年的高龄组和低龄组企业的总资产增长率和营业收入增长率比较;图(d)为生存年限大于或等于 8 年的高龄组和低龄组企业的总资产增长率和营业收入增长率比较第二,总体上看,董事会平均年龄与企业产品或服务创新性(相关系数为0.133, p=0.003)、著作权数量(相关系数为 0.174, p=0.000)和专利数量(相关系数为 0.188, p=0.000)为显著性正相关关系。但在不同行业和不同生存年限条件下,董事会平均年龄与企业经营关系存在着显著差异,见图3-5。

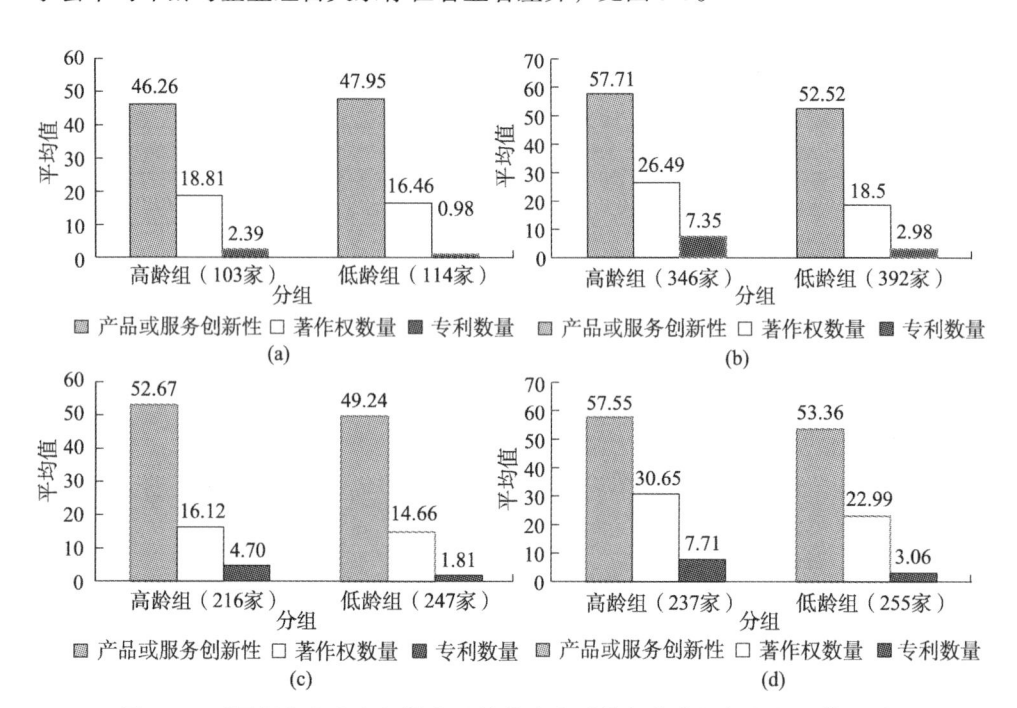

图 3-5 不同行业和生存年限企业的董事会平均年龄分组与企业经营差异

图(a)为互联网和相关服务行业高龄组和低龄组企业的产品或服务创新性、著作权数量和专利数量比较;图(b)为软件和信息技术服务业高龄组和低龄组企业的产品或服务创新性、著作权数量和专利数量比较;图(c)为生存年限小于8年的高龄组和低龄组企业的产品或服务创新性、著作权数量和专利数量比较;图(d)生存年限大于或等于8年的高龄组和低龄组企业的产品或服务创新性、著作权数量和专利数量比较

从行业角度看,在互联网和相关服务行业,高龄组和低龄组在产品或服务创新性、著作权数量和专利数量等方面的差异并不显著;但在软件和信息技术服务业,高龄组和低龄组在产品或服务创新性($F=15.773$, $p=0.000$)、著作权数量($F=16.045$, $p=0.000$)和专利数量($F=10.692$, $p=0.001$)等方面存在显著性差异,高龄组产品或服务创新性、著作权与专利数量的均值都显著高于低龄组。

从生存年限角度看,对于生存年限小于8年的企业,高龄组和低龄组在产品或服务创新性($F=3.734$, $p=0.054$)与专利数量($F=2.961$, $p=0.086$)的差异显著但著作权数量的差异不显著,高龄组在产品或服务创新性与专利数量方面的表现要优于低龄组;对于生存年限大于或等于8年的企业,高龄组和低龄组在产品或服务创新性($F=6.577$, $p=0.011$)、著作权数量($F=7.496$, $p=0.006$)和专利数量（$F=11.927$，$p=0.001$）等方面均存在显著性差异，高龄组产品或服务创新性、著作权与专利数量的均值都显著高于低龄组。

董事会的平均年龄结构在很大程度上取决于董事长年龄特征。无论是以行业为分类依据，还是以企业生存年限为生存依据，董事长年龄与董事会平均年龄都存在显著正相关关系，并且采用相同标准依据董事长年龄对企业进行类别划分，发现无论是以行业为分类依据还是以生存年限为分类依据，高龄董事长企业的董事会平均年龄均值都高于低龄董事长企业，并且这种差异存在着统计上的显著性。

3.2.2 董事会的年龄异质性及其对企业经营和业绩的影响

与董事会平均年龄强调企业董事会年龄的绝对差异不同，董事会的年龄异质性强调的是董事会成员之间年龄的相对差异。年龄异质性反映的是不同年龄董事会成员在企业经营决策等方面互动所产生的化学反应及其可能带来的业绩结果。更为重要的是，每家企业董事会成员之间年龄的实际差距取决于其平均年龄和年龄异质性指数。总体上看，955家企业的董事会年龄异质性指数为0.15，结合董事会平均年龄为41.7岁，这一指标反映的实际含义是：平均来看，董事会年龄区间为35岁至48岁（以均值为原点，增减幅度为6.2左右）。董事会平均年龄差异会诱发年龄异质性差异，见表3-3。

表 3-3 新三板IT企业在不同行业、生存年限企业董事会年龄波动范围分布

组别	互联网和相关服务行业			软件和信息技术服务业		
	平均年龄	年龄异质性指数*	波动均值	平均年龄	年龄异质性指数*	波动均值
高龄组	44.00	0.17	7.48	46.57	0.16	7.45
低龄组	36.27	0.14	5.08	38.32	0.15	5.75

组别	生存年限小于8年的企业			生存年限大于或等于8年的企业		
	平均年龄	年龄异质性指数**	波动均值	平均年龄	年龄异质性指数**	波动均值
高龄组	44.47	0.18	8.00	47.22	0.16	5.75
低龄组	36.57	0.15	5.49	39.11	0.14	7.45

* 表示不同行业的董事会之间的年龄异质性指数存在显著性差异。在互联网和相关服务行业，组间差异统计量为$F=11.501$，$p=0.001$；在软件和信息技术服务业，组间差异统计量为$F=4.121$，$p=0.043$。
** 表示不同生存年限的董事会之间的年龄异质性指数存在显著性差异。对于生存年限小于8年的企业，组间差异统计量为$F=17.423$，$p=0.000$；对于生存年限大于或等于8年的企业，组间差异统计量为$F=4.210$，$p=0.041$。

基于表3-3不难发现，基于行业和生存年限产生的董事会平均年龄的差异，进一步诱发了不同情况下的董事会年龄异质性指数差异。但与董事会平均年龄不同，年龄异质性的核心是考察董事会成员年龄差异程度的影响，因此，基于行业、生存年限以及年龄异质性指数的组合条件，将955家企业予以分组比较分析。

首先，在考虑行业和年龄分组的组合下，依据年龄异质性指数，将955家企

业划分为两类：一类是高年龄异质性组（在互联网和相关服务行业，高龄组的年龄异质性指数大于或等于0.17，低龄组的年龄异质性指数大于或等于0.14；在软件和信息技术服务业，高龄组的年龄异质性指数大于或等于0.16，低龄组的年龄异质性指数大于或等于0.15）；另一类是低年龄异质性组（在互联网和相关服务行业，高龄组的年龄异质性指数小于0.17，低龄组的年龄异质性指数小于0.14；在软件和信息技术服务业，高龄组的年龄异质性指数小于0.16，低龄组的年龄异质性指数小于0.15）。

图 3-6 显示，在互联网和相关服务行业，董事会年龄异质性高低对于挂牌当年年底的总资产（$F=4.760$，$p=0.030$）、营业收入（$F=2.785$，$p=0.097$）和净利润（$F=4.547$，$p=0.034$）有着显著性影响。对于盈利企业而言，董事会年龄异质性高低对于净利润并没有显著性影响；与高年龄异质性董事会相比较，低年龄异质性董事会领衔的企业在挂牌当年年底的总资产、营业收入均值更高。在软件和信息技术服务业，董事会年龄异质性高低对于企业挂牌当年年底总资产和营业收入有着显著性影响，对于净利润没有显著影响，但对于盈利企业而言，董事会年龄异质性高低对净利润产生了显著影响（$F=7.031$，$p=0.008$）；与高年龄异质性相比较，低年龄异质性董事会领衔的企业在挂牌当年年底总资产和营业收入均值更高，并且这种差异在统计上具有显著性。

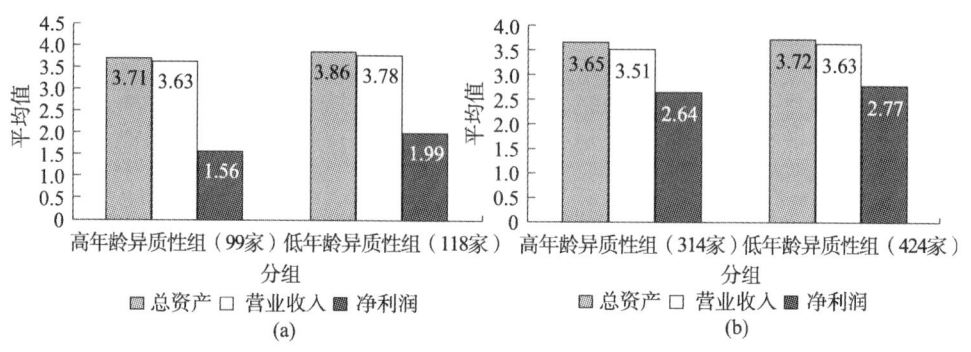

图 3-6 不同行业内董事会年龄异质性分组与企业业绩差异
图（a）为互联网和相关服务行业高年龄异质性与低年龄异质性企业的总资产、营业收入和净利润比较；图（b）为软件和信息技术服务业高年龄异质性与低年龄异质性企业的总资产、营业收入和净利润比较

但是，无论是在互联网和相关服务行业还是在软件和信息技术服务业，并没有发现不同董事会年龄异质性分组之间在企业总资产增长率、营业收入增长率和净利润增长率的均值上表现出显著性差异的证据，也没有发现不同董事会年龄异质性分组之间在企业产品或服务创新性、著作权和专利数量的均值上表现出显著性差异的证据。

其次，在考虑生存年限和年龄分组的组合下，依据年龄异质性指数，将955

家企业划分为两类：一类是高年龄异质性组（对于生存年限小于 8 年的企业，高龄组的年龄异质性指数大于或等于 0.18，低龄组的年龄异质性指数大于或等于 0.15；对于生存年限大于或等于 8 年的企业，高龄组的年龄异质性指数大于或等于 0.16，低龄组的年龄异质性指数大于或等于 0.14）；另一类是低年龄异质性组（对于生存年限小于 8 年的企业，高龄组的年龄异质性指数小于 0.18，低龄组的年龄异质性指数小于 0.15；对于生存年限大于或等于 8 年的企业，高龄组的年龄异质性指数小于 0.16，低龄组的年龄异质性指数小于 0.14）。

图 3-7 显示，对于生存年限小于 8 年的企业，董事会年龄异质性高低对于挂牌当年年底的总资产（$F=6.901$，$p=0.009$）、营业收入（$F=7.451$，$p=0.007$）和净利润（$F=3.451$，$p=0.064$）有着显著影响，但对于盈利企业而言，不同组间的净利润差异不显著；与高年龄异质性董事会领衔的企业相比较，低年龄异质性董事会领衔的企业在挂牌当年的总资产、营业收入和净利润均值更高，并且这种差异存在统计上的显著性。对于生存年限大于或等于 8 年的企业，董事会年龄异质性高低对于企业挂牌当年年底营业收入（$F=6.832$，$p=0.009$）有着显著性影响，对于挂牌当年年底的总资产和净利润差异的影响不显著，但对于盈利企业而言，董事会年龄异质性高低对于净利润（$F=6.457$，$p=0.011$）有着显著性影响；与高年龄异质性董事会领衔的企业相比较，低年龄异质性董事会领衔的企业在挂牌当年年底的营业收入和净利润均值更高，并且这种差异存在统计上的显著性。

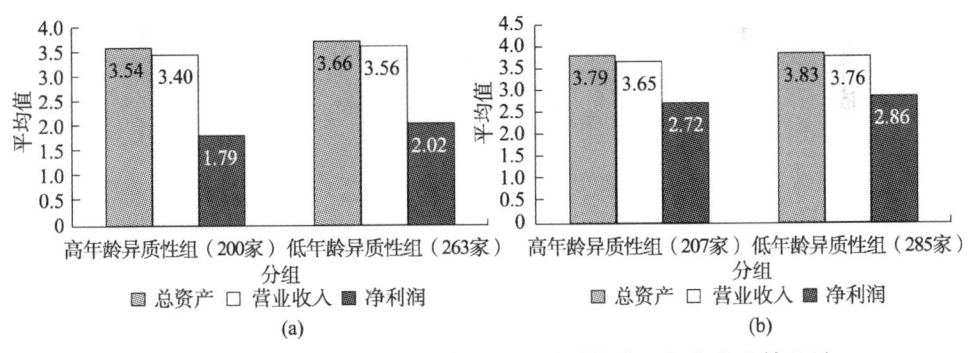

图 3-7 不同生存年限企业董事会年龄异质性分组与企业业绩差异

图（a）为生存年限小于 8 年的高年龄异质性与低年龄异质性企业的总资产、营业收入和净利润比较；图（b）为生存年限大于或等于 8 年的高年龄异质性与低年龄异质性企业的总资产、营业收入和净利润比较

但是，无论是生存年限小于 8 年还是生存年限大于或等于 8 年的企业，并没有发现不同董事会年龄异质性分组之间在企业总资产增长率、营业收入增长率和净利润增长率的均值上表现出显著性差异的证据，也没有发现不同董事会年龄异质性分组之间在企业产品或服务创新性、著作权和专利数量的均值上表现出显著性差异的证据。

基于上述分析，可以形成的初步判断是，在互联网和相关服务行业与软件和信息技术服务业领域,董事会在年龄结构上相对年轻,平均年龄在 40 岁上下,以此为分界点,董事会平均年龄越高越有助于改善企业经营和提高业绩。也就是说,作为新兴行业领域,"新"意味着董事会平均年龄结构的年轻化,但在新背后的"风险"似乎更加重要,年轻化态势中的相对年龄成熟度可能对于企业经营和业绩更加重要。但这种关系在互联网和相关服务行业与软件和信息技术服务业存在差异,在互联网和相关服务行业,董事会年轻化更有助于推动企业业绩增长,一个有趣的问题是,在互联网和相关服务行业,董事会年轻化是否会诱发企业业绩更大的波动性?另外,分析发现年龄异质性越低越有助于改善企业经营和提高业绩,可能的理论解释是,互联网和信息技术等新兴行业领域的环境不确定性和模糊性更加突出,在这样的情境下,基于共识的行动验证而不是基于分歧的决策更加重要,相似的年龄结构就显得更加重要。

3.3 董事会学历结构及其对企业经营和业绩的影响

在互联网和信息技术行业领域,董事会学历水平已经发生了质变。在 955 家企业中,共有 233 位(4.66%)董事具有博士学位;1413 位(28.27%)董事具有硕士学位;2283 位(45.68%)董事具有本科学位;1069 位(21.39%)董事具有专科及以下学历。

3.3.1 高学历董事在董事会中的比例及其对企业经营和业绩的影响

依据互联网和信息技术行业的特征,将高学历界定为硕士和博士学位,因为互联网和信息技术行业具有较强专业性,专业化学科和技术知识至关重要,在现行教育体系下,攻读硕士和博士学位才有可能在某个学科领域积累深度的专业知识。依据高学历董事在董事会中的比例,将 955 家新三板 IT 企业划分为三类:高学历主导组(高学历董事占比大于或等于 50%,即高学历董事在董事会中占一半及以上)、高学历存在组(高学历董事占比介于 0~50%,即董事会中有高学历董事,但数量上并不占据主导)、无高学历组(高学历董事占比等于 0,即董事会中没有高学历董事)。从分布来看,无高学历组的新三板 IT 企业占比为 21.5%,高学历存在组的新三板 IT 企业占比为 53%,高学历主导组的新三板 IT 企业占比为 25.5%。其中,在高学历主导组中,新三板 IT 企业的高学历董事平均数量为 3.59,而在高学历存在组中,新三板 IT 企业的高学历董事平均数量为 1.52。

首先,董事会中高学历董事占比与企业挂牌当年年底的总资产(相关系数为 0.219,p=0.000)和营业收入(相关系数为 0.129,p=0.000)正相关,与挂牌当年年底的净利润并没有显著性相关关系,但针对盈利企业群体,高学历董事占比与企业挂牌当年年底净利润(相关系数为 0.121,p=0.001)正相关。基于学历的分组在总资产（$F=20.511$，$p=0.000$）、营业收入（$F=6.622$，$p=0.001$）和净利润（盈利企业）（$F=5.624$，$p=0.004$）方面表现出了显著性差异。

表 3-4 显示，随着高学历董事占比的提高，企业挂牌当年年底总资产和营业收入平均值逐步上升。对于挂牌当年年底的总资产而言，高学历主导组的平均值为 3.87，高于其他两组，特别是大幅度高于无高学历组的 3.60；对于营业收入而言，高学历主导组的平均值为 3.70，高于其他两组，特别是明显高于无高学历组的 3.51；对于盈利企业的净利润而言，高学历主导组的平均值为 2.88，高于其他两组，特别是明显高于无高学历组的 2.69。

表 3-4　新三板 IT 企业高学历董事占比与企业业绩差异

业绩指标		无高学历组	高学历存在组	高学历主导组
总资产	平均值	3.60↓	3.69	3.87↑
	标准差	0.42	0.47	0.54
营业收入	平均值	3.51↓	3.60	3.70↑
	标准差	0.51	0.55	0.58
净利润（所有企业）	平均值	2.21	2.14	2.10
	标准差	1.17	1.24	1.40
净利润（盈利企业）	平均值	2.69↓	2.71	2.88↑
	标准差	0.60	0.62	0.65

注：标注箭头的表明两两配对的方差检验在统计上存在显著差异，其中，上箭头表示最大值，下箭头表示最小值

其次，董事会中的高学历董事占比与产品或服务创新性（相关系数为 0.135，$p=0.000$）、著作权数量（相关系数为 0.132，$p=0.000$）和专利数量（相关系数为 0.112，$p=0.001$）均呈现为显著性正相关关系，基于学历的分组在产品或服务创新性（$F=7.359$，$p=0.001$）、著作权数量（$F=7.388$，$p=0.001$）和专利数量（$F=9.275$，$p=0.000$）等方面表现出了显著性差异，见图 3-8。

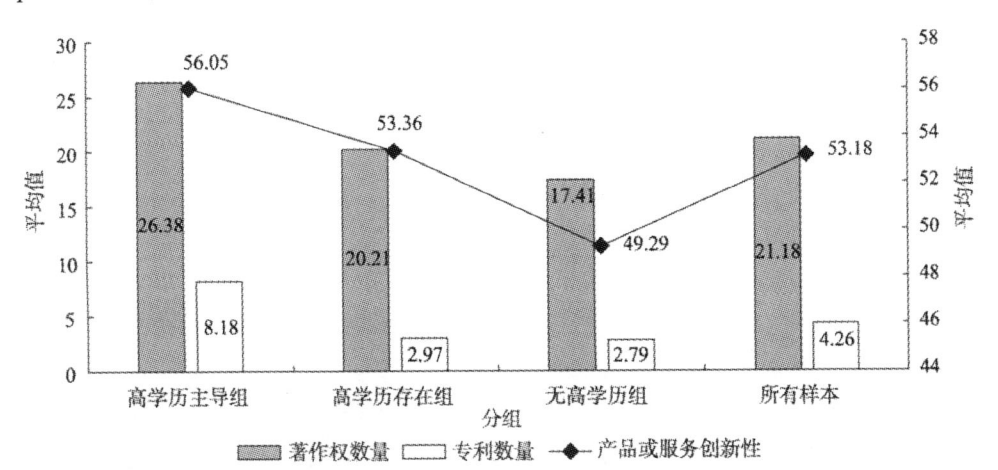

图 3-8　新三板 IT 企业高学历董事占比与著作权数量、专利数量和产品或服务创新性差异

高学历董事占比越高，企业产品或服务创新性越好：高学历主导组的产品或服务创新性平均值为 56.05，高学历存在组为 53.36，无高学历组为 49.29。随着高学历董事占比提高，企业著作权和专利数量逐渐提升：高学历主导组的著作权和专利数量平均值分别为 26.38 和 8.18，高学历存在组分别为 20.21 和 2.97，无高学历组分别为 17.41 和 2.79。

最后，并没有发现高学历董事占比导致企业总资产增长率、营业收入增长率和净利润增长率差异的统计证据。无论是比较高学历主导组、高学历存在组、无高学历组，还是比较有高学历组与无高学历组，都没有发现总资产增长率、营业收入增长率和净利润增长率在组间存在显著差异的证据。

3.3.2 董事会学历异质性及其对企业经营和业绩的影响

董事会的学历异质性仍然会对企业业绩产生影响。与高学历董事占比不同，这一指标主要是综合考察董事会成员中不同学历层次配比，而不在乎比例构成中哪个学历层次占比更高或更低。假设两家公司均有五位董事，第一家为四个博士学位和一个本科学位，第二家为四个本科学位和一个硕士学位，这两家公司高学历董事占比显然不同，但其学历异质性却是一样的。学历异质性之所以重要，主要原因有两点：一是学历差异会导致思维和决策差异，学历异质性高有助于带来决策过程中的思维完备性，有助于改善企业绩效；二是基于中国传统文化，学历层次与社会声望和地位关联，学历异质性高有可能更容易诱发面子冲突，不利于企业经营和业绩。

以 955 家新三板 IT 企业董事会学历异质性指数的平均值为依据，将样本企业划分为三组：一是高异质性组（学历异质性指数大于或等于 0.4763，即在这样的董事会中，没有哪类学历人员占据相对人数优势）；二是适度异质性组（学历异质性指数介于 0~0.4763，即在这样的董事会中，存在着某个主导学历）；三是同质组（学历异质性指数等于 0，即在这样的董事会中，全部成员的学历相同）。从分布来看，高异质性组的新三板 IT 企业占比为 69%，适度异质性组的新三板 IT 企业占比为 25.3%，同质组新三板 IT 企业占比为 5.7%。在高异质性组中，学历异质性的平均指数为 0.57；在适度异质性组中，学历异质性的平均指数为 0.29。

首先，没有发现董事会学历异质性与企业挂牌当年年底的总资产、营业收入和净利润存在相关关系的证据，也没有发现基于学历异质性的分组在挂牌当年年底的总资产、营业收入和净利润均值存在显著性差异的证据，但对于盈利企业而言，董事会学历异质性对于净利润（$F=2.430$，$p=0.089$）产生了显著性影响：同质组的净利润均值最高（2.94），而高异质性组的净利润均值最低（2.73）。另外，没有发现董事会学历异质性与企业挂牌当年年底的总资产增长率、营业收入增长率和净利润增长率存在相关关系的证据,也没有发现基于学历异质性的分组在挂牌当年年底的总资产增长率、营业收入增长率和净利润增长率均值存在显著性差异的证据。

其次,没有发现董事会学历异质性导致企业经营差异的证据。具体而言,董事会学历异质性与企业产品或服务创新性、著作权数量和专利数量均不存在相关关系,基于学历异质性的分组在产品或服务创新性、著作权数量和专利数量等方面也没有表现出显著性差异。

基于高学历董事比例产生作用而学历异质性不产生作用的事实,可以初步判断:一方面,董事会学历层次对于企业经营和业绩的作用主要表现为象征效应和格局效应。象征效应意味着高学历董事占比越高的董事会,越容易向利益相关者传递有关企业的积极象征意义;格局效应意味着高学历董事占比较高的董事会,在企业战略决策中更注重长期导向和整体导向,决策质量更好。另一方面,董事会成员之间的学历差异性似乎既不能诱发决策完备性也不容易诱发决策冲突,至少学历异质性不会是增强或削弱董事会战斗力的重要来源,这也许跟董事会的决策内容和互动频率有关。

更为重要的是,董事长学历可能在很大程度上会影响董事会的学历结构。在955家企业中,有43%(411家)的企业的董事长学历为硕士和博士;剩余的544家企业董事长学历为本科及以下。与本科及以下学历董事长相比较,硕士和博士学历董事长领衔的企业中高学历董事的比例均值高出了30个百分点(前者为20%,后者为50%),并且这种差异存在着统计上的显著性($F=496.823, p=0.000$)。也就是说,高学历董事长领衔企业的董事会中高学历董事比例会更高。由此可以推断,董事长的学历层次越高,越容易放大董事会学历层次的象征效应和格局效应,推动企业发展。

3.4 董事会先前工作经验结构及其对企业经营和业绩的影响

管理者的先前工作经验至关重要。著名管理学家彼得·德鲁克曾经说过:企业的成长空间在根本上取决于企业家的思维空间。知识结构是企业家思维空间的重要决定因素,而先前工作经验是企业家知识结构的重要来源。管理者先前工作经验因此会对企业经营决策和业绩产生显著影响,作为企业最高决策机构,在董事会层面,这种影响力发生于群体层次,关键是董事会的先前工作经验结构和特征,至少包括经验深度、经验相关度和经验来源等三个方面[①]。

[①] 955家企业中,有83家企业的董事会成员先前工作经验年限存在缺失,故董事会先前工作经验深度部分的有效样本数量为872家企业;有86家企业的董事会成员先前相关工作经验信息存在缺失,故董事会先前相关工作经验相关度部分的有效样本数量为869家企业;有34家企业的董事会成员先前相关工作单位信息缺失,故董事会先前工作经验来源部分的有效样本数量为921家企业。

3.4.1 董事会先前工作经验深度及其对企业经营和业绩的影响

董事会先前工作经验深度是董事会先前工作经验的存量结构。这主要包括两方面的特征：一是董事会先前平均工作年限越长，意味着董事会具有越丰富的先前知识积累；二是董事会先前平均工作年限异质性，其反映的是董事会成员之间先前工作年限的差异程度。

从董事会先前平均工作年限来看，董事会先前平均工作年限的分布跨度大且分布零散，从最低的 0.40 年至最高的 34.80 年，平均值为 12.77 年，众数为 13.40 年（仅有 20 家企业）。从董事会先前平均工作年限异质性水平看，872 家企业董事会先前平均工作年限异质性指数平均值为 0.62，企业董事会先前平均工作年限异质性指数差异较大，最低的为 0.07，最高的为 2.24。更为重要的是，进一步分析发现董事会先前平均工作年限异质性指数与其先前平均工作年限之间为显著性负相关关系（相关系数为 −0.450，p=0.000）。这意味着，董事会先前平均工作年限越长，成员之间先前平均工作年限的差异性越小，同往高处集聚；董事会先前平均工作年限越短，成员之间先前平均工作年限的差异性越大，见图 3-9。

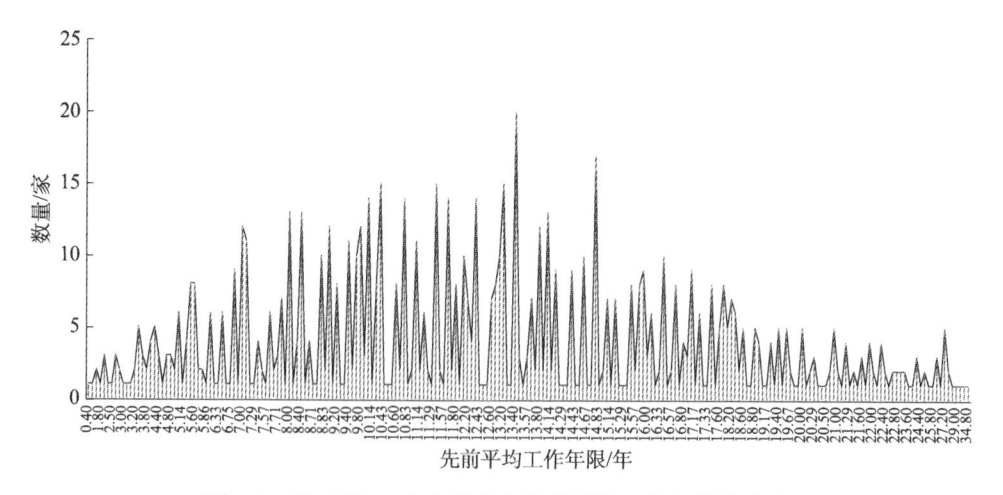

图 3-9　新三板 IT 企业董事会先前平均工作年限的分布

基于这一事实，以董事会先前平均工作年限和董事会先前平均工作年限异质性为依据，采用二阶聚类法将 872 家企业聚合成三类[①]：一是老手组合董事会领衔企业，这一组有 325 家企业，占总量的 37.3%，在这一组中，董事会先前平均工作年限均值水平最高（平均值为 18.04 年）且异质性水平较低（平均值为 0.47）；

---

① 872 家新三板 IT 企业的聚类分析结果显示，其中 868 家企业被聚合成三类，另外有 4 家企业被统计成离群极端值，占总量的 0.5%，因此这 4 家企业没有包括在后续分析中，后续分析仅包含 868 家新三板 IT 企业。

二是新手组合董事会领衔企业，这一组有 268 家企业，占总量的 30.7%，在这一组中，董事会先前平均工作年限均值水平较低（平均值为 10.33 年）且异质性水平较低（平均值为 0.45）；三是新老组合董事会领衔企业，这一组有 275 家企业，占总量的 31.5%，在这一组中，董事会先前平均工作年限均值水平最低（平均值为 8.95 年）且异质性水平较高（平均值为 0.95）。

第一，不同组在挂牌当年年底总资产（$F=3.283$, $p=0.038$）和净利润（$F=3.576$, $p=0.028$）方面存在着统计上的显著性差异，而在营业收入方面不存在显著性差异，对于盈利企业群体，不同组间的净利润水平不存在显著性差异，见图 3-10。一方面，老手组合董事会领衔企业在挂牌当年年底的总资产规模显著高于新手组合与新老组合董事会领衔企业，但新手组合与新老组合董事会领衔企业在挂牌当年年底的总资产规模没有显著性差异。另一方面，新老组合董事会领衔企业在挂牌当年年底的净利润水平显著高于老手组合与新老组合董事会领衔企业，新手组合董事会领衔企业在挂牌当年年底的净利润水平显著高于老手组合董事会领衔企业。

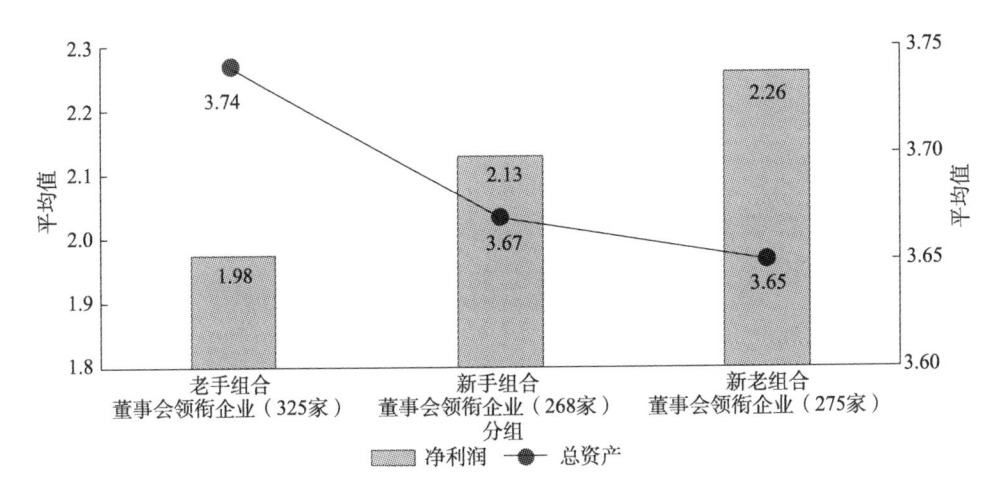

图3-10 新三板IT企业董事会先前工作经验深度与企业业绩差异

进一步分析发现，不同组在挂牌当年年底总资产增长率方面存在显著性差异（$F=6.043$, $p=0.002$），但在挂牌当年年底的营业收入和净利润增长率方面不存在显著性差异。老手组合董事会领衔企业在挂牌当年年底的总资产增长率均值（均值为 0.09）显著低于新手组合和新老组合的均值（新手组合董事会领衔企业均值为 0.15；新老组合董事会领衔企业均值为 0.16），但新手组合和新老组合董事会领衔企业之间不存在显著性差异。

这一结果表明，董事会先前工作经验深度结构可能会导致企业的业绩水平差异。这主要表现在：经验丰富的董事会更容易产生象征效应，更容易赢得外部利益相关者的认可而形成资产规模优势，而董事会先前平均工作年限异质性越大越有助于改善企业短期经营决策而形成利润优势。

第二，不同组在企业产品或服务创新性和著作权数量均值的分布方面不存在显著性差异，但在专利数量方面存在着显著性差异（F=5.130，p=0.000）。具体而言，老手组合董事会领衔企业持有的专利数量平均值为6.23，远远高于新手组合和新老组合董事会领衔企业持有专利数量平均值（新手组合的平均值为2.19；新老组合的平均值为3.03）。进一步地，尽管不存在显著性差异，老手组合董事会领衔企业的产品或服务创新性平均值仍然最高，为53.44，新手组合董事会领衔企业的产品或服务创新性平均值为52.23，而新老组合董事会领衔企业的产品或服务创新性平均值为51.81（图3-11）。

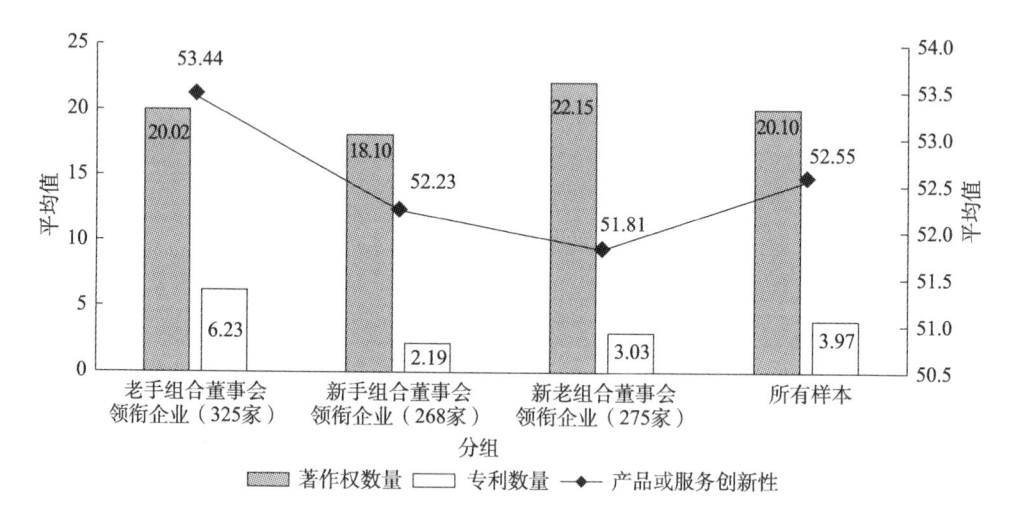

图3-11 新三板IT企业董事会先前平均工作年限与著作权数量、专利数量和产品或服务创新性差异

进一步分析发现，不同组在企业挂牌当年年底的产品或服务销售的毛利率方面存在着显著性差异（F=2.363，p=0.095）。其中，老手组合董事会领衔企业的毛利率水平均值为0.45，显著低于新手组合和新老组合董事会领衔企业的毛利率平均值，而新手组合与新老组合董事会领衔企业的毛利率水平均值不存在显著性差异（新手组合的平均值为0.50；新老组合的平均值为0.49）。

基于上述分析，可以形成的初步判断是：对于先前工作经验较少的董事会而言，先前平均工作年限异质性越大的董事会越有可能倾向于利用创新水平更低的产品或服务在短期内迅速形成利润优势；对于先前工作经验丰富的董事会而言，除了可以提供有助于外部资源整合的象征效应，还更倾向于开发创新性更高的产品或服务，尽管在短期内并没有形成利润优势，但也许在长期内会有更好的回报。

3.4.2　董事会先前工作经验相关度及其对企业经营和业绩的影响

董事会先前工作经验相关度是董事会在互联网与信息技术行业内积累的先前工作经验存量结构。这主要包括两方面的特征：一个是董事会先前平均相关工作年限越长，意味着董事会在互联网和相关服务行业与软件和信息技术服务业内积累的知识结构越丰富；二是董事会成员之间的先前相关工作经验异质性，反映的是董事会成员之间先前相关工作年限的差异程度。

统计显示，从董事会先前平均相关工作年限来看，有78家企业董事会没有先前相关工作经验，在剩余的791家企业中，董事会先前平均相关工作年限的分布跨度大且分布零散，从最低的0.14至最高的21.80，平均值为4.66，众数为2.00（仅有28家企业）。从董事会先前相关工作经验异质性来看，791家企业董事会先前相关工作经验异质性指数平均值为1.22，企业董事会先前相关工作经验异质性指数差异较大，最低的为0.10，最高的为2.65。更为重要的是，进一步分析发现董事会先前相关工作经验异质性指数与其先前相关工作平均年限之间呈现为显著性负相关关系（相关系数为–0.717，p=0.000）。这意味着，对于董事会先前平均相关工作年限越高的企业，董事会成员之间先前相关工作年限的差异性越小，同往高处集聚；董事会先前平均相关工作年限越低，成员之间先前相关工作年限的差异性越大，长短各不相同。

基于这一事实，以董事会先前平均相关工作年限和董事会先前相关工作经验异质性为依据，采用二阶聚类法对791家企业进行聚类分析①，在此基础上将867家企业划分为四类：一是内行型董事会领衔企业，这一组有400家企业，占总量的46.1%，在这一组中，董事会先前平均相关工作年限的均值水平最高（平均值为6.99）且异质性水平较低（平均值为0.79）；二是内外行组合型董事会领衔企业，这一组有128家企业，占总量的14.8%，在这一组中，董事会先前平均相关工作年限均值水平较低（平均值为1.17）且异质性水平较高（平均值为2.26）；三是偏外行型董事会领衔企业，这一组有261家企业，占总量的30.1%，在这一组中，董事会先前平均工作年限均值水平较低（平均值为2.68）且异质性水平较低（平均值为1.37）；四是外行型董事会领衔企业，这一组有78家企业，占总量的9.0%，在这一组中，董事会没有任何先前相关工作经验。

第一，除了挂牌当年年底的总资产规模外（F=3.318，p=0.019），并没有发现不同组企业在挂牌当年年底营业收入、净利润以及挂牌当年年底总资产增长率、营业收入增长率和净利润增长率存在显著性差异的证据，针对盈利企业，也没有发现不同组企业的净利润存在显著性差异的证据，见表3-5。但有趣的是，尽管不

---

① 针对791家企业的聚类分析结果显示，其中789家企业被聚合成两类，有2家企业被统计成为离群极端值，占总量的0.3%，因此这2家企业没有包括在后续分析中，故企业总量为789+78=867家。

存在统计上的显著性，基于所有企业，外行型董事会领衔企业在挂牌当年年底的营业收入和净利润最高，而内行型董事会领衔企业营业收入反而更低，内外行组合型董事会领衔企业净利润最低；针对盈利企业，外行型董事会领衔企业的净利润水平仍然最高，而内外行组合型董事会领衔企业的净利润最低。这也许意味着，在IT等新兴行业领域，如果说基本逻辑是应用互联网和信息技术来改变传统行业的话，那么行业外经验似乎更加重要，了解应用行业领域的状况似乎更有助于发挥互联网和信息技术的优势，拘泥于技术本身也许并不是最佳选择。

表3-5　新三板IT企业董事会先前工作经验相关度分组与企业业绩差异

业绩指标		内行型董事会领衔企业	内外行组合型董事会领衔企业	偏外行型董事会领衔企业	外行型董事会领衔企业
总资产	平均值	3.68↓	3.69	3.68	3.86↑
	标准差	0.48	0.48	0.48	0.53
营业收入	平均值	3.59↓	3.57	3.58	3.70↑
	标准差	0.50	0.60	0.56	0.59
净利润（所有企业）	平均值	2.13	1.98↓	2.16	2.35↑
	标准差	1.29	1.30	1.20	1.18
净利润（盈利企业）	平均值	2.75	0.67↓	2.70	2.81↑
	标准差	0.66	0.65	0.59	0.58

注：标注箭头的表明两两配对的方差检验在统计上存在显著差异，其中，上箭头表示最大值，下箭头表示最小值

第二，董事会先前相关经验结构对企业经营战略产生了重要影响，见图3-12。不同组在产品或服务创新性（$F=3.939, p=0.008$）和著作权数量（$F=3.377, p=0.018$）平均值的分布存在显著性差异，但在专利数量平均值方面不存在显著性差异。

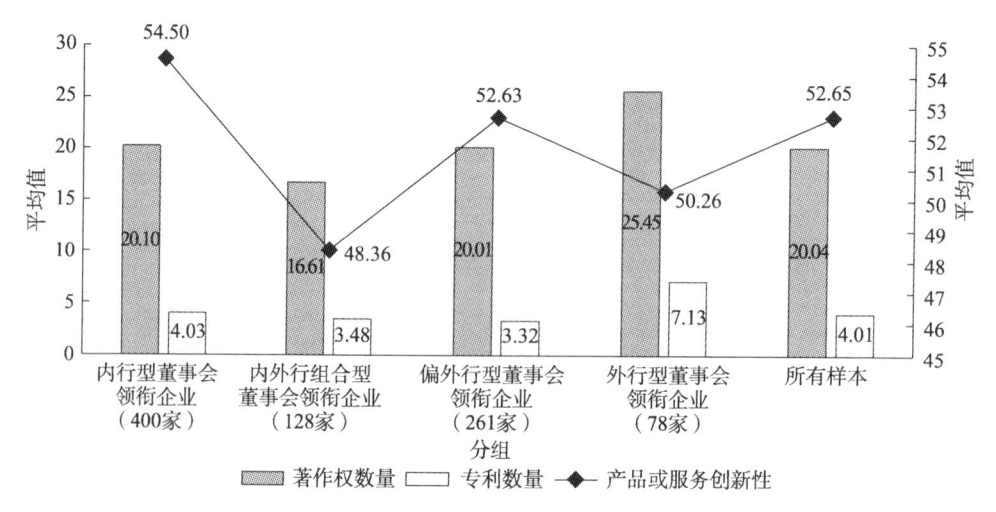

图3-12　新三板IT企业董事会先前工作经验相关度与著作权数量、专利数量和产品或服务创新性差异

内行型董事会领衔企业著作权数量均值为 20.10，在四个组中排名第二，产品或服务创新性均值为 54.50，在四个组中排名最高。这表明，这一组企业重视软件等技术平台资源的开发，并善于将技术转化为创新性的产品或服务。

外行型董事会领衔企业著作权数量均值为 25.45，在四个组中排名第一，产品或服务创新性均值为 50.26，在四组中排名第三。这表明，这一组企业最重视软件等技术平台资源的开发，但在将技术转化为创新性产品或服务方面仍有欠缺，这可能跟缺乏行业内相关工作经验有关。

内外行组合型与偏外行型董事会领衔企业的著作权数量大致相当，在四个组中处于较低水平，产品或服务创新性方面，偏外行型董事会领衔企业得分较高，在四个组中排名第二，而内外行组合型董事会领衔企业得分最低。这表明，内外行组合型企业董事会存在着经营劣势，而偏外行型董事会与内行型董事会相比较在产品或服务创新能力方面较弱，但比外行型董事会强。

这一发现有着重要的理论和实践价值。技术研发不等同于创新，将技术转化为产品或服务创新的能力很重要，而在这一过程中，创新本质上是技术知识和市场知识的组合，内行型董事会恰恰在这一点上具备突出优势，更容易打通技术与市场连接的通路；外行型董事会则更侧重于技术知识应用，但因缺乏相关行业经验，其将技术转化为产品或服务创新的能力可能不足。

3.4.3 董事会先前工作经验来源及其对企业经营和业绩的影响

董事会成员先前工作单位性质至关重要。这一重要性至少表现在：不同组织运作环境和逻辑会引起企业战略和行为差异，这一差异会给组织内工作个体带来差异性知识和思维习惯。特别是在中国情境下，国有企业的运作逻辑自然不同于外资企业，在这两类企业工作的个体也许在管理思维和行动方面表现出差异。在董事会层面，这样的差异可能会给企业经营决策和业绩产生显著影响。

统计来看，在互联网和信息技术等新兴行业领域，董事会的先前工作经验来源出现了非常大的变化。如果将互联网和信息技术行业领域的董事会高管理解为面向前沿管理实践探索的高层次精英的话，与传统观念不同的是，外资企业和合资企业已经不再是管理者输出的主要阵地，在 IT 领域，有过外资企业和合资企业工作经历的管理者数量甚至低于党政机关和事业单位。这是一个非常可喜的变化，改革开放以来，在管理实践层面已经形成了管理本土化的格局。

在 921 家企业涉及的 4841 位董事会成员中，有 3756 位（占比 77.6%）董事会成员有过私营企业的工作经历；有 1371 位（占比 28.3%）董事会成员有过国有企业的工作经历；有 1172 位（占比 24.2%）董事会成员有过党政机关或事业单位的工作经历；仅有 889 位（占比 18.4%）董事会成员有过外资企业或合资企业的工作经历，见图 3-13。

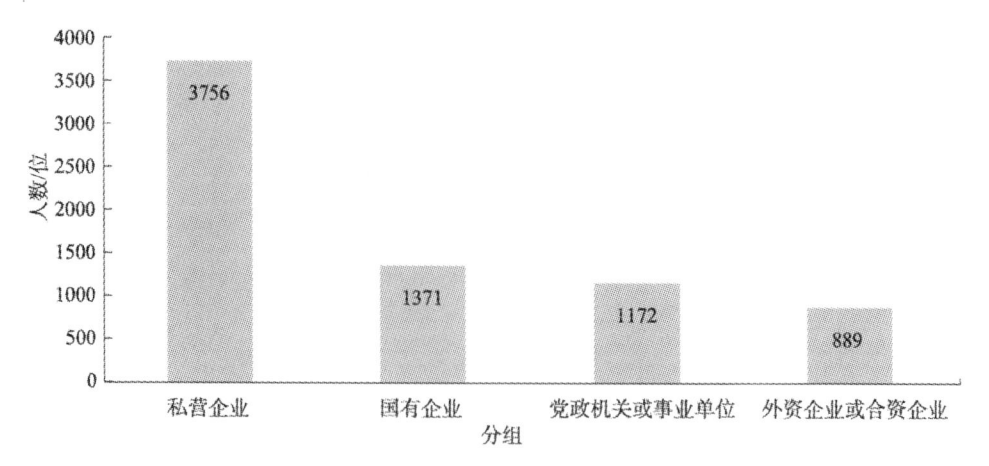

图 3-13 新三板 IT 企业董事会先前工作经验来源分布

私营企业：3756
国有企业：1371
党政机关或事业单位：1172
外资企业或合资企业：889

从董事会先前工作单位类型多样性指数看[①]，921 家企业董事会先前工作单位类型多样性指数平均值为 1.83。采用二阶聚类法分析，将 921 家企业划分为了三类：一是高度多样性董事会领衔企业，这类企业董事会先前工作单位类型多样性很高，彼此之间先前工作单位类型相似度低、互补性高，共 92 家，占比 10.0%；二是适度多样性董事会领衔企业，这类企业董事会先前工作单位类型多样性居中，共计 415 家，占比 45.1%；三是低多样性董事会领衔企业，这类企业董事会先前工作单位类型多样性很低，彼此之间先前工作单位类型相似，共计 414 家，占比 45.0%。新三板 IT 企业董事会工作经验来源分组的基本特征如表 3-6 所示。

表 3-6　新三板 IT 企业董事会工作经验来源分组的基本特征

类别	基本特征
低多样性董事会领衔企业	董事会成员先前工作单位类型集中于私营企业或国有企业
适度多样性董事会领衔企业	董事会成员先前工作单位类型范畴广，但私营企业或国有企业占据主导
高度多样性董事会领衔企业	董事会成员先前工作单位类型范畴广，且不存在主导类型

第一，除了挂牌当年年底的净利润（$F=2.436$，$p=0.088$），统计分析并没有发现不同组在挂牌当年年底的总资产、营业收入存在显著性差异的证据，更为重要的是，尽管总体上净利润存在显著性差异，但针对盈利企业，不同组在净利润方面不存在显著性差异。这恰恰是有趣的结果。不同组织带来不同的知识结构。低多样性董事会领衔企业可能因知识结构太相似而难以收获知识多样性带来的好处，

[①] 将董事会成员曾经工作过单位分为六种类型：党政机关、事业单位、国有企业、私营企业、外资企业和合资企业。在董事会先前工作单位类型多样性指数中，该指数最小值为 1.00，此时意味着该企业董事会成员之间的先前工作单位类型无差异，即各董事先前工作过的单位类型完全一致。该指数数值越大，意味着多样性越高。

但因为相似反而可以减少决策冲突；适度多样性董事会领衔企业看似能够收获知识多样性带来的好处，但因私营企业或国有企业主导，可能会制约来自其他单位类型的知识的吸收，更重要的是因为存在主导而有可能强化来自差异的冲突；高度多样性董事会领衔企业因为工作单位类型范畴广且不存在主导，则更容易将知识差异诱发的冲突转化为决策价值。新三板 IT 企业董事会工作经验来源分组与企业业绩差异见表 3-7。

表 3-7　新三板 IT 企业董事会工作经验来源分组与企业业绩差异

业绩指标		高度多样性董事会领衔企业	适度多样性董事会领衔企业	低多样性董事会领衔企业
总资产	平均值	3.75↑	3.72	3.69↓
	标准差	0.51	0.52	0.45
营业收入	平均值	3.66↑	3.59↓	3.61
	标准差	0.52	0.59	0.51
净利润（所有企业）	平均值	2.24↑	2.03↓	2.22
	标准差	1.26	1.28	1.22
净利润（盈利企业）	平均值	2.82↑	2.67↓	2.75
	标准差	0.60	0.66	0.60

注：标注箭头的表明两两配对的方差检验在统计上存在显著差异，其中，上箭头表示最大值，下箭头表示最小值

事实上，我们有理由判断，在 IT 领域，在董事会先前工作经验来源结构方面，适度多样性可能是不好的战略选择，因为适度多样性一方面限制了知识结构多样性的决策优势，又容易诱发更加激烈的决策冲突。统计分析也表明，尽管不存在统计上的显著性，在适度多样性董事会领衔企业，挂牌当年年底的营业收入和净利润，以及挂牌当年年底的总资产增长率和净利润增长率的均值都最低。

第二，董事会先前工作经验来源结构对企业经营战略产生了重要影响。不同组的专利数量平均值（$F=3.939$，$p=0.008$）分布存在显著性差异，尽管在企业产品或服务创新性和著作权数量平均值方面不存在着显著性差异，但仍然可以看出高度多样性董事会领衔企业在产品或服务创新性方面表现出的优势，见图 3-14。在产品或服务创新性方面，高度多样性董事会领衔企业的平均值最高，显著高于低多样性董事会领衔企业的平均值。

在企业经营方面，高度多样性董事会领衔企业仍然展现出了明显的优势，重视专利和著作权的开发，同时更善于将技术转化为产品或服务创新优势；低多样性董事会领衔企业在这方面则表现出了战略上的劣势，在著作权和专利方面开发不足，产品或服务创新性水平也最低。更为重要的是，这也进一步验证了适度多样性董事会给公司业绩带来损伤的原因，适度多样性董事会领衔企业重视著作权和专利开发方面，但并没有将技术优势转化为产品或服务的创新优势。

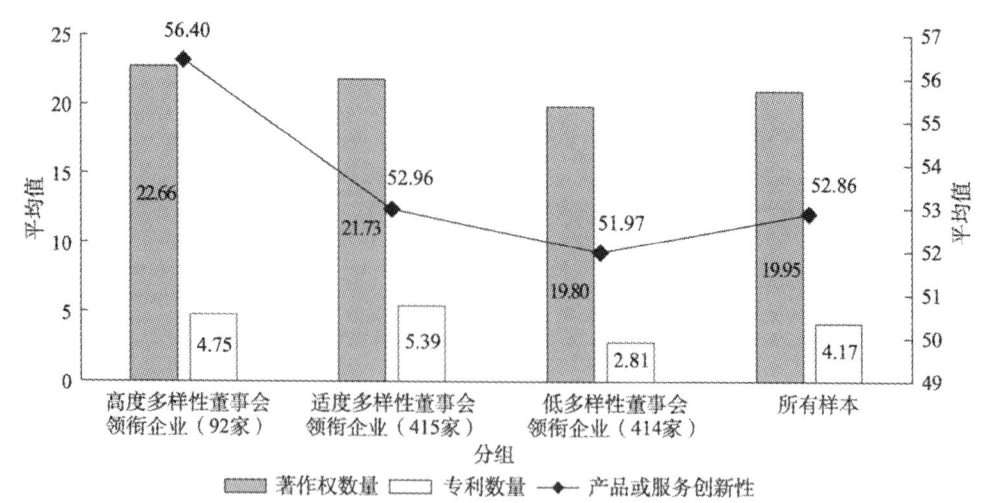

图 3-14 新三板 IT 企业董事会工作经验来源分组与著作权数量、
专利数量和产品或服务创新性等差异

3.5 董事会其他结构特征及其对企业经营和业绩的影响

作为新兴领域，互联网和信息技术行业更需要国际化视野和格局，很有必要在全球技术与经济变革环境下来思考企业经营战略问题，因此，董事会的海外背景结构可能会非常重要。总体来看，新三板 IT 企业仍属于新兴企业，在这样的企业中，尽管有不少外聘高管，但创业元老有可能仍在管理并经营公司，那么，董事会的创业元老比重也可能会对公司经营和业绩产生影响。

3.5.1 董事会海外背景结构及其对企业经营和业绩的影响

在 955 家新三板 IT 企业的 4998 位董事中，总共有 356 位董事具有海外经历，占比 7.12%，这 356 位海归董事分布在 257 家企业中，平均每家企业的海归董事数量为 1.39 位。具体而言，仅有 26.91%的新三板 IT 企业有海归董事，其中，183 家企业（占比 19.16%）董事会中有 1 位海归董事；74 家企业（占比 7.75%）董事会中有 2 位及以上的海归董事，见图 3-15。

第一，有海归的董事会的企业业绩水平更差，见表 3-8。除了挂牌当年年底的净利润（$F=4.854$，$p=0.008$），统计分析并没有发现不同组在挂牌当年年底的总资产、营业收入存在显著性差异的证据，更为重要的是，尽管总体上净利润存在显著差异，但针对盈利企业，不同组在净利润方面又不存在显著差异。在净利润方面，海归数量越多的董事会的净利润平均值反而越低，无海归的董事会领衔企业的净利润均值为 2.22，而有 2 位及以上海归董事会领衔企业的净利润均值仅为 1.81。除此之外，有海归董事会领衔企业在营业收入及其增长率方面也不如无海归董事会领衔企业，有海归董事会领衔企业仅在总资产和总资产增长率表现出优势，同时这种差异并不显著。

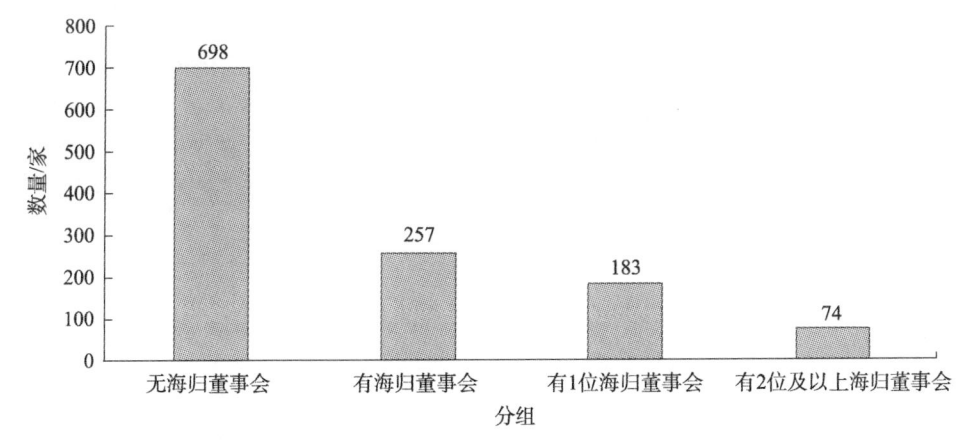

图 3-15　新三板 IT 企业董事会海归成员状况分布

表 3-8　新三板 IT 企业董事会海归数量分组与企业业绩差异

业绩指标		无海归	有 1 位海归	有 2 位及以上海归
总资产	平均值	3.70↓	3.74	3.80↑
	标准差	0.48	0.52	0.51
营业收入	平均值	3.61	3.62↑	3.56↓
	标准差	0.54	0.60	0.51
净利润（所有企业）	平均值	2.22↑	2.01	1.81↓
	标准差	1.22	1.35	1.42
净利润（盈利企业）	平均值	2.73↑	2.73	2.65↓
	标准差	0.61	0.64	0.80
总资产增长率	平均值	0.13	0.10↓	0.14↑
	标准差	0.28	0.33	0.29
营业收入增长率	平均值	0.11↑	0.11↑	0.09↓
	标准差	0.30	0.45	0.26
净利润增长率	平均值	2.09↑	2.07↓	2.09↑
	标准差	0.06	0.32	0.02

注：标注箭头的表明两两配对的方差检验在统计上存在显著差异，其中，上箭头表示最大值，下箭头表示最小值

第二，有海归的董事会在企业运营方面具有更强的长期导向，见图 3-16。不同组间在专利数量（$F=5.382$，$p=0.005$）方面存在显著性差异，有 2 位及以上海归董事会领衔企业的专利数量平均值最高，而无海归董事会领衔企业的专利数量平均值最低。尽管不存在显著性差异，有海归的董事会领衔企业在产品或服务创新性方面的表现优于无海归董事会领衔企业，有 2 位及以上海归的董事会领衔企业在上述两方面的表现要优于只有 1 位海归董事会领衔的企业。

更为重要的是，比较著作权数量和专利数量分布，可以发现有无海归董事会领衔企业在企业经营战略方面的细微差异：有 2 位及以上海归董事会领衔企业更注重基于专利的产品或服务创新；无海归董事会领衔企业更强调著作权开发来谋求产品或服务创新。

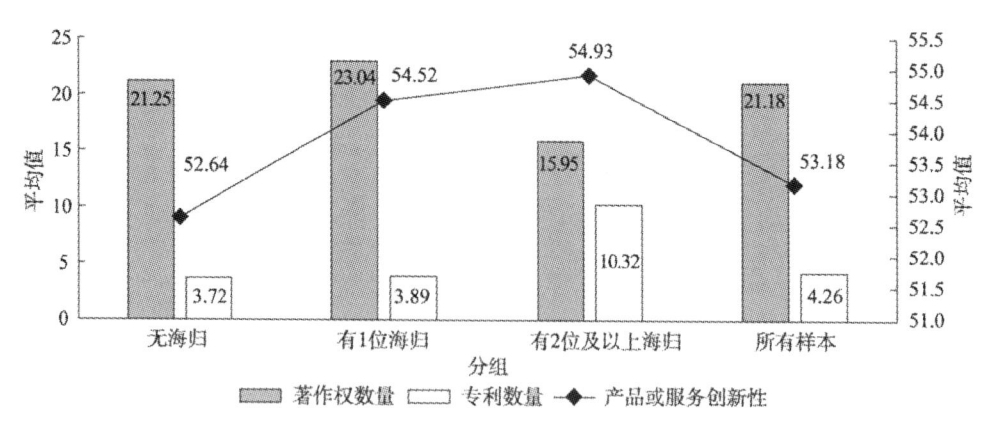

图 3-16 新三板 IT 企业董事会海归数量与产品或服务创新性、著作权数量和专利数量差异

3.5.2 董事会中创业元老分布状况及其对企业经营和业绩的影响

创业元老在董事会中任职非常普遍。在 955 家新三板 IT 企业中，143 家企业（占比 15.0%）董事会中没有创业元老；286 家企业（占比 29.9%）董事会中有 1 位创业元老；526 家企业（占比 55.1%）董事会中有 2 位及以上创业元老，见图 3-17。

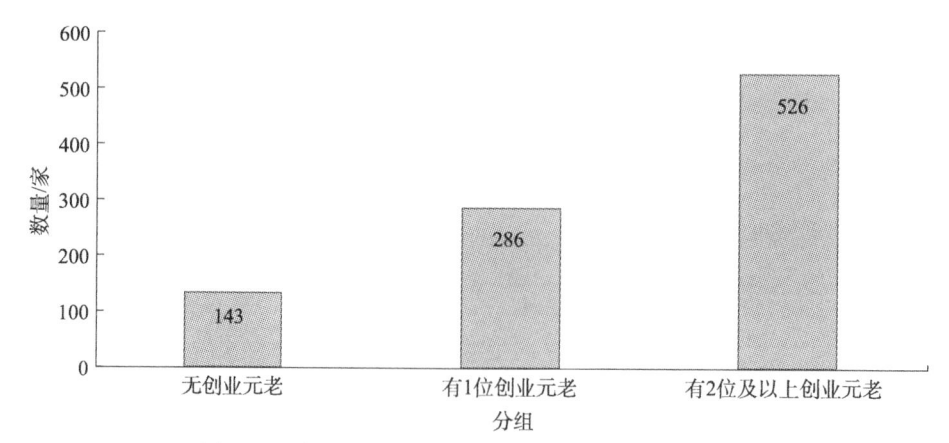

图 3-17 新三板 IT 企业董事会中创业元老分布状况

第一，创业元老在董事会中过多有可能会对企业业绩水平产生负面作用，见表 3-9。统计分析发现，不同组在挂牌当年年底总资产（$F=4.184$，$p=0.016$）和营业收入（$F=2.713$，$p=0.067$）方面存在显著性差异，但在挂牌当年年底的净利润（所有企业与盈利企业）、总资产增长率、营业收入增长率以及净利润增长率方面不存在显著性差异。

表 3-9 新三板 IT 企业董事会创业元老分组与企业业绩差异

业绩指标		无创业元老	有 1 位创业元老	有 2 位及以上创业元老
总资产	平均值	3.80↑	3.74	3.68↓
	标准差	0.44	0.50	0.49
营业收入	平均值	3.70↑	3.60	3.58↓
	标准差	0.52	0.55	0.55
净利润（所有企业）	平均值	2.20↑	2.06	2.18↓
	标准差	1.23	1.28	1.26
净利润（盈利企业）	平均值	2.76↑	2.71↓	2.76↑
	标准差	0.60	0.62	0.64

注：标注箭头的表明两两配对的方差检验在统计上存在显著差异，其中，上箭头表示最大值，下箭头表示最小值

尽管不存在显著性差异，在董事会中有 2 位及以上创业元老的企业组，净利润（所有企业）、营业收入增长率和净利润增长率水平反而较低，而无创业元老董事会领衔的企业在净利润、营业收入增长率和净利润增长率方面表现得更好。这一发现有着重要的启发，创业元老在企业中有其特殊地位，同时非元老董事在心理情感和知识结构等方面往往不同于创业元老，一旦有 2 位以上创业元老，就有可能在董事会中形成影响力，不利于董事会决策效率和质量。

第二，董事会的创业元老结构对企业经营有着复杂的影响，见图 3-18。不同组间在专利数量（$F=5.186$，$p=0.006$）方面存在显著性差异，无创业元老董事会领衔企业的专利数量平均值最高，有 1 位创业元老董事会领衔企业的专利数量平均值最低。尽管不存在显著性差异，在产品或服务创新性方面，董事会中创业元老数量越高的企业组，产品或服务创新性均值越高，没有创业元老董事会领衔企业的产品或服务创新性最低。这一结果表明，创业元老在推动企业将技术转化为产品或服务创新性方面起到关键作用：创业元老更熟悉企业所处行业状况、市场状况以及产品状况，更有助于将技术知识转化为创新性的产品或服务设计。

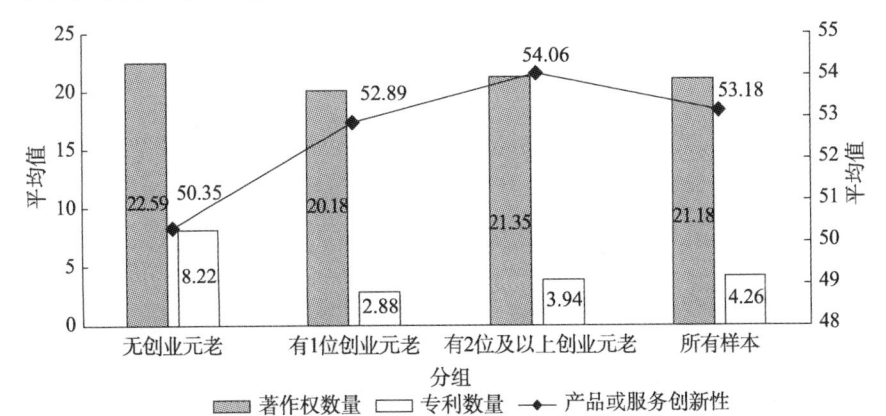

图 3-18 新三板 IT 企业董事会创业元老数量分组与著作权数量、专利数量和产品或服务创新性等差异

3.6 新三板 IT 企业挂牌当年年底的董事会变动情况

在挂牌当年年底，有 126 家新三板 IT 企业董事会发生了变动（包括更换董事长、增加或减少董事会成员）[①]，占比 13.2%，其中，有 13 家企业更换了董事长，占比 1.4%。进一步分析发现，企业董事会变动在不同挂牌年份期间存在着显著性差异，但不存在行业、地区和生存年限差异。2016 年挂牌企业占比为 54.8%，显著高于其他三个年份挂牌的企业，相比较起来，2013 年与 2014 年挂牌企业的董事会较稳定，变动占比分别为 3.2% 和 14.3%。

3.6.1 董事会的变动描述及其对企业业绩的影响

董事会变动是否会给企业业绩带来显著性影响呢？关于董事会变动，我们的基本假设是，董事会成员变动涉及较长的决策时间，也就是说，尽管在挂牌年底年度报告才披露董事会成员变动情况，但董事会发生变动的时间早于挂牌当年年底，董事会成员变动有可能会对挂牌当年年底的业绩产生影响。

统计分析发现，董事会发生变动和董事会没有发生变动的企业在挂牌前一年年底的总资产、营业收入和净利润并不存在显著性差异，到了挂牌当年年底，两组企业在总资产和营业收入等方面并没有出现显著性差异，但在净利润方面表现出了显著性差异（$F=7.497$，$p=0.006$），董事会发生变动的企业净利润平均值高于董事会没有发生变动的企业，见表 3-10。直观判断，董事会成员变动会增加管理复杂性带来管理成本提升，但净利润不降反升，非常值得关注。

表 3-10 新三板 IT 企业董事会变动情况与企业业绩差异

业绩指标		董事会变动组	董事会未变动组	总体
挂牌前一年年底总资产	平均值	3.53	3.59	3.54
	标准差	0.49	0.52	0.50
挂牌前一年年底营业收入	平均值	3.47	3.49	3.47
	标准差	0.56	0.58	0.56
挂牌前一年年底净利润	平均值	2.13	2.06	2.12
	标准差	1.10	1.28	1.13
挂牌当年年底总资产	平均值	3.71	3.74	3.72
	标准差	0.48	0.53	0.49
挂牌当年年底营业收入	平均值	3.61	3.62	3.61
	标准差	0.55	0.59	0.55
挂牌当年年底净利润	平均值	2.19↑	1.88↓	2.14
	标准差	1.23	1.44	1.27

注：标注箭头的表明两两配对的方差检验在统计上存在显著差异，其中，上箭头表示最大值，下箭头表示最小值

---

① 在这里，考察的是董事会的非正常变动，而不是到任的正常换届变动。

126 家董事会发生变动的企业发生了哪些变化？总体来看，126 家企业董事会变动幅度较大且企业间存在较大差异。126 家企业在公开招股书中涉及 677 位董事，在挂牌当年，新增了 172 位董事会成员，减少了 136 名董事会成员，期末董事数量为 713 位董事。具体来看，126 家企业董事会成员变动数量[①]的平均值为 2.44 位，在其中，新增或减少 1 位董事的企业数量仅为 15 家（占比 11.9%），还有 1 家企业的董事变动数量为 8 位，董事变动数量为 2 位的企业占比最高（占比 61.9%），见表 3-11。

表 3-11　新三板 IT 企业董事会成员的变动情况

董事会成员变动数量/位	企业数量/家	占比
1	15	11.9%
2	78	61.9%
3	8	6.3%
4	18	14.3%
5	3	2.4%
6	3	2.4%
8	1	0.8%

同时，并没有发现董事变动数量存在着地区差异、行业差异、挂牌年限差异以及生存年限差异。但是，企业董事会董事变动数量与挂牌前一年的净利润水平呈现为显著性负相关关系（相关系数为–0.237，p=0.008），但在挂牌当年年底，董事会变动数量与净利润的负相关关系呈现为减弱的迹象（相关系数为–0.189，p=0.034）。可以形成的初步判断是：利润表现越差的企业越倾向于大幅度变动董事会成员，同时在经历这种大幅度变动之后，利润表现似乎有可能会出现回转。

3.6.2　董事会变动后的结构变化趋势

第一，从性别结构看，女性董事总量变化不大，但性别异质性指数略微上升。女性董事的变动趋势呈现为势均力敌的两极分化：22 家企业选择了减少 1～2 位女性董事（其中有一家减少了 2 位女性董事），22 家企业增加了 1 位女性董事。但是，在性别异质性方面，变动后的董事会性别异质性的平均值为 0.21，较变动之前的性别异质性平均值上升了 0.03。29 家企业（占比 23.0%）的董事会性别异质性指数出现了下降；55 家企业（占比 43.7%）的董事会性别异质性指数出现了增加。

第二，从年龄结构看，年轻化和同质化是董事会变动的基本态势。变动后的董事会平均年龄的平均值为 41 岁，较变动前平均年龄的平均值 42 岁下降了 1 岁。

---

① 在这里，变动数量考察的是增加董事数量加上减少董事数量的总和，而不是变动后董事会规模与变动前董事会规模的差异。

76家企业（占比60.3%）的变动后董事会平均年龄出现了下降；47家企业（占比37.3%）的变动后董事会平均年龄出现了上升。变动后的董事会年龄异质性指数的平均值为0.15，较变动之前的年龄异质性指数平均值0.16下降了0.01。有63家企业（占比50.0%）的变动后董事会年龄异质性指数出现了下滑；61家企业（占比48.4%）的变动后董事会年龄异质性指数出现了上升。

第三，从学历结构看，增加高学历董事是董事会变动的基本态势。有33家企业（占比26.2%）变动后的董事会新增了1~2位硕士及以上学历董事（其中有6家为2位），而仅有22家企业（占比17.5%）变动后的董事会减少了1位硕士及以上学历董事。变动前后董事会学历异质性指数变化不明显（变动前均值为0.4864；变动后均值为0.4938）。42家企业（占比33.3%）变动后的董事会学历异质性指数出现了下滑，41家企业（占比32.5%）变动后的董事会学历异质性指数出现了上升。

第四，从先前工作经验看[①]，先前平均工作年限保持相对稳定、先前工作经验异质性水平小幅下滑是基本态势。变动前后董事会先前平均工作年限的平均值分别为12.80年和17.75年，并没有出现显著性变化。有53家企业（占比48.2%）的变动后董事会先前平均工作年限出现了下滑，54家企业（占比49.1%）的变动后董事会先前平均工作年限出现了上升。变动前后董事会先前平均工作年限异质性指数出现了下滑，从0.6024下滑到了0.5547。有57家（占比51.8%）变动后的董事会先前平均工作年限异质性出现了下滑；50家企业（占比45.5%）变动后的董事会先前平均工作年限异质性出现了上升。

第五，从先前工作经验相关度看，先前平均相关工作年限大幅下滑、先前相关工作经验异质性水平小幅上升是基本态势。变动前后董事会先前平均相关工作年限的平均值分别为21.67年和16.25年，下滑了5.42年。有62家企业（占比55.4%）的变动后董事会先前平均相关工作年限出现了下滑，29家企业（占比25.9%）的变动后董事会先前平均相关工作经验出现了上升。变动前后董事会先前工作经验异质性指数出现了小幅上升，从1.1815上升到了1.2134。有37家（占比33.0%）变动后的董事会先前相关工作经验异质性出现了下滑；50家企业（占比44.6%）变动后的董事会先前相关工作经验异质性出现了上升。

第六，从先前经验来源看，具有国有企业、私营企业经历的董事出现了增加，具有党政机关、事业单位经历的董事几乎不变，而具备外资企业和合资企业经历的董事出现了略微增加，见表3-12。变动前后董事会先前工作经验来源多样性指数出现了小幅上升，从1.8253上升到了1.8617。有44家（占比37.9%）变动后的董事会先前工作经验来源多样性出现了下滑；56家企业（占比48.3%）变动后的董事会先前工作经验来源多样性出现了上升。

---

① 在这里，先前工作经验部分有16家企业缺失工作经验信息，先前工作经验相关度部分有14家企业缺失相关信息，先前工作经验来源部分有10家企业缺失信息。

表 3-12　新三板 IT 企业董事会成员先前经验来源变动情况

工作经验来源类型	变动前均值	变动后均值
党政机关	0.32	0.32
事业单位	0.98	1.00
国有企业	1.40	1.50
私营企业	4.14	4.41
外资企业	0.81	0.88
合资企业	0.26	0.32

第 4 章

新三板 IT 企业高管团队对企业经营和业绩的影响

董事会是企业重大战略决策的制定者，企业高管团队是企业经营的管理者，也是企业重要的决策团队。企业高管团队特征也会给企业经营和业绩带来重要影响，从某种角度上看，企业高管团队对企业经营和业绩的影响甚至要比董事会更强，因为与董事会相比较，企业高管团队掌握了更加丰富的信息，甚至对于不少重大战略决策，企业高管团队都是重要的决策方案发起者和起草者。

955 家企业在公开招股书中涉及 3725 位高管团队成员，每家企业的高管团队规模为 3.90 位。必须要指出的是，二手数据编码时，每家企业至多录入 5 位高管团队成员信息。但在 955 家企业中，有 124 家企业的董事会规模大于 5 位[1]，在数据库中实际包含 3503 位高管团队成员信息（在上述 124 家企业总共缺失 222 位高管团队成员）。

---

[1] 高管团队人数多于 5 位的 124 家企业如下所述。11 位高管团队成员的企业股票代码为：834032、835274。10 位高管团队成员的企业股票代码为：833359、834645、835670、836106。9 位高管团队成员的企业股票代码为：832715、834127、834507、430253、831688、834880。8 位高管团队成员的企业股票代码为：833208、834214、833633、835152、430332、430653、833339、835464、835799、836147、836311、430339。7 位高管团队成员的企业股票代码为：831133、831495、831546、836296、836346、832800、834116、834218、430311、430325、430494、831608、831694、832953、833658、833954、834045、834182、834290、834376、834449、834532、834644、835012、835191、835285、835891、836320、836581、835013。6 位高管团队成员的企业股票代码为：836484、834385、430261、831575、831829、831886、835055、835101、835199、835467、835990、830794、830942、831832、832744、834403、835737、430217、430224、430228、430252、430333、430455、430464、430515、430705、830999、831107、831185、831392、831529、831698、831874、832015、832667、833072、833151、833369、833827、833904、834047、834093、834139、834535、834569、834647、834832、834932、834968、834993、835064、835184、835203、835207、835653、835773、835778、835785、835831、835846、835998、836031、836036、836174、836392、836600、833175、833414、834055、834391。

4.1 高管团队董事会嵌入程度及其对企业经营和业绩的影响

在 955 家新三板 IT 企业中,有 2325 位高管团队成员由董事会成员兼任,占比 66.3%,每家企业董事兼任高管人员规模为 2.43 位,这表明在新三板 IT 企业中董事会与高管团队的交叠现象非常突出。采用二阶聚类法分析,以高管团队中董事会成员占比为依据,将 955 家企业划分为三类[①]:一是完全嵌入高管团队,在这一类企业中,高管团队全部是董事会成员兼任,共计 242 家企业,占总量的 25.3%;二是高度嵌入高管团队,在这一类企业中,高管团队中有一半以上的成员由董事兼任,共计 360 家企业,占总量的 37.7%,平均有 71%的高管由董事兼任;三是低度嵌入高管团队,在这一类企业中,高管团队中董事兼任成员占比低于一半,共计 347 家企业,占总量的 36.3%,平均有 39%的高管由董事兼任,见图 4-1。

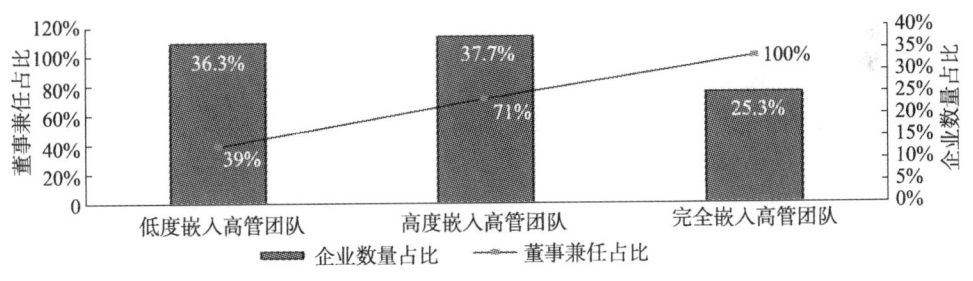

图 4-1 新三板 IT 企业高管团队董事会嵌入程度分类

4.1.1 高管团队董事会嵌入程度对企业业绩的影响

高管团队董事会嵌入程度对企业业绩产生了重要影响,见表 4-1。统计分析发现,不同组间在挂牌当年总资产($F=16.570$,$p=0.000$)和营业收入($F=7.350$,$p=0.001$)平均值方面存在着显著性差异,在净利润(所有企业)方面不存在显著性差异。盈利企业不同组间在挂牌当年年底的净利润($F=4.040$,$p=0.018$)平均值方面存在着显著性差异。但是,并没有发现不同组在挂牌当年年底的总资产、营业收入和净利润增长率方面存在着显著性差异。

表 4-1 新三板 IT 企业高管团队董事会嵌入程度与企业业绩差异

业绩指标		低度嵌入	高度嵌入	完全嵌入
总资产	平均值	3.81↑	3.69	3.59↓
	标准差	0.54	0.46	0.40

---

① 依据高管团队董事会嵌入程度,将 955 家新三板 IT 企业聚合成了四类,其中一类是在高管团队中没有董事会成员的企业,共计 6 家,鉴于分析的目的是考察不同嵌入程度对企业经营和业绩的影响,故将这一类企业排除,这部分分析包含 949 家新三板 IT 企业。

续表

业绩指标		低度嵌入	高度嵌入	完全嵌入
营业收入	平均值	3.69↑	3.58	3.52↓
	标准差	0.61	0.52	0.49
净利润（所有企业）	平均值	2.09	2.19	2.12
	标准差	1.35	1.24	1.17
净利润（盈利企业）	平均值	2.80↑	2.77	2.64↓
	标准差	0.67	0.61	0.58

注：标注箭头的表明两两配对的方差检验在统计上存在显著差异，其中，上箭头表示最大值，下箭头表示最小值

有趣的是，低度嵌入高管团队在总资产、营业收入和净利润（盈利企业）等方面都表现最好，而完全嵌入高管团队在上述几方面的表现最差。这一结果表明，高管团队中董事会嵌入程度越高，似乎对于企业业绩会产生负面作用。这一现象很值得进一步关注和分析，一种可能的解释是，不同嵌入程度意味着高管团队管理裁量权和自主权差异，低度嵌入的高管团队在管理裁量权和自主权方面更高；完全嵌入的高管团队在这方面则存在劣势。另一种可能的解释是，低度嵌入的高管团队与完全嵌入的高管团队在决策机制上可能存在着显著性差异，对于前者而言，因为高管和董事会分离程度高，董事会更可能对重大战略决策进行理性的分析和判断；对于后者而言，因为高管本质上代表着董事会的大多数，可能对重大战略决策存在更大的偏差。

4.1.2 高管团队董事会嵌入程度对企业经营的影响

高管团队董事会嵌入程度对企业经营产生了重要影响，见图4-2。统计分析发现，不同组间在产品或服务创新性（$F=8.364, p=0.000$）和著作权数量（$F=6.257, p=0.002$）平均值方面存在着显著性差异，在专利数量方面不存在显著性差异。

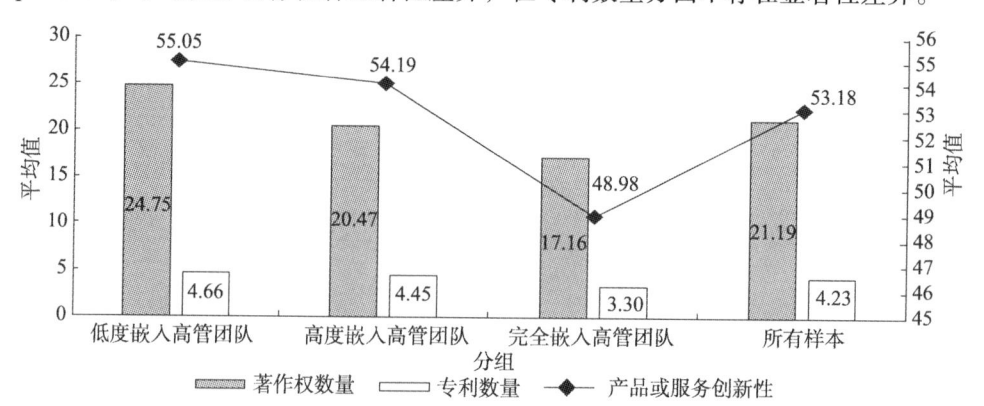

图4-2 新三板IT企业高管团队董事会嵌入程度与产品或服务创新性等差异

在企业经营方面，低度嵌入高管团队在产品或服务创新性和著作权数量等方面都表现最好，而完全嵌入高管团队在上述几方面的表现最差，尽管不存在显著

性差异，在专利数量方面，仍然是低度嵌入高管团队领衔企业的专利数量平均值最高，而完全嵌入高管团队领衔企业的专利数量平均值最低。这一结果表明，高管团队中董事会嵌入程度差异会显著性地诱发企业经营战略和思路的差异。低度嵌入高管团队在经营上更强调长期导向，更重视产品或服务创新以及支撑创新的研发活动；高度嵌入高管团队在战略上似乎更加短视。这一现象也进一步验证了高管团队董事会嵌入程度对于企业业绩的影响。

4.2 高管团队性别结构及其对企业经营和业绩的影响

在955家新三板IT企业的3503位高管团队成员中，女性高管数量为923位，占26.35%，比董事会女性占比还要高出5.7个百分点，有9.0%（86家）的企业的总经理为女性，并没有发现女性高管数量存在着地区差异、行业差异、挂牌年份差异和生存年限差异。与董事会性别结构的分析思路类似，下面从高管团队中女性高管占比以及性别异质性两个角度展开分析。

4.2.1 高管团队中女性高管占比及其对企业经营和业绩的影响

这一部分主要分析企业高管团队中女性高管的占比对企业业绩和经营的影响。具体而言，依据女性高管的占比，将955家企业划分为四类：女性主导组（女性高管占比大于或等于50.00%）、高女性占比组（女性高管占比介于26.35%～50.00%）、低女性占比组[女性高管占比介于0～26.35%（含）]、无女性组（无女性高管人员）。从分布来看，女性主导组的新三板IT企业占比为24.50%，高女性占比组的新三板IT企业占比为23.00%，低女性占比组的新三板IT企业占比为25.90%，无女性高管的IT企业占比仅为26.60%。从数量上看，对于女性主导组的新三板IT企业，高管团队中女性高管平均数为1.68；对于高女性占比组，高管团队中女性高管平均数为1.27；低女性占比组的女性高管平均数为1.01。

首先，高管团队中女性高管占比与企业挂牌当年年底的总资产（相关系数为–0.211，$p=0.000$）和营业收入（相关系数为–0.189，$p=0.000$）负相关，针对盈利企业，高管团队中的女性高管占比与挂牌当年年底净利润水平负相关（相关系数为–0.189，$p=0.000$）。基于性别的分组在总资产（$F=20.274$，$p=0.000$）、营业收入（$F=17.628$，$p=0.000$）和净利润（盈利企业）（$F=11.662$，$p=0.000$）方面表现出了显著性差异。

女性高管占比越高，企业挂牌当年年底总资产、营业收入和净利润平均值越低。对于挂牌当年年底的总资产而言，女性主导组的平均值为3.56，低于其他三组，特别是大幅度低于无女性组的3.84；对于营业收入而言，女性主导组的平均值为3.47，低于其他三组，特别是明显低于无女性组的3.74；对于净利润（盈利企业）而言，女性主导组的平均值为2.61，低于其他三组，特别是明显低于无女性组的2.92。但并没有发现基于性别分组在挂牌当年年底净利润方面存在显著性差异（表4-2）。

表4-2　新三板IT企业高管团队中女性高管占比分组与企业业绩差异

业绩指标		女性主导组	高女性占比组	低女性占比组	无女性组
总资产	平均值	3.56↓	3.62	3.80	3.84↑
	标准差	0.45	0.44	0.49	0.51
营业收入	平均值	3.47↓	3.49	3.71	3.74↑
	标准差	0.54	0.48	0.61	0.61
净利润（所有企业）	平均值	2.03	2.09	2.25	2.20
	标准差	1.23	1.18	1.26	1.36
净利润（盈利企业）	平均值	2.61↓	2.61	2.83	2.92↑
	标准差	0.64	0.62	0.59	0.62

注：标注箭头的表明两两配对的方差检验在统计上存在显著差异，其中，上箭头表示最大值，下箭头表示最小值

其次，高管团队中女性高管占比与企业产品或服务创新性（相关系数为–0.102，$p=0.002$）、著作权数量（相关系数为–0.130，$p=0.000$）和专利数量（相关系数为–0.077，$p=0.017$）均呈现为负相关关系，基于性别的分组在产品或服务创新性（$F=3.533$，$p=0.014$）、著作权数量（$F=5.279$，$p=0.001$）和专利数量（$F=2.988$，$p=0.030$）等方面表现出了显著性差异。

女性高管占比越高，企业产品或服务创新性越低：女性主导组的产品或服务创新性平均值为49.80，高女性占比组为53.77，低女性占比组为54.02，无女性组为54.94。女性高管占比越高，企业著作权平均值越低：女性主导组的著作权平均值为16.07，高女性占比组的著作权平均值为20.70，低女性占比组的著作权平均值为22.23，无女性组的著作权平均值为25.29。女性高管占比与企业专利数量的关系更加有趣，无女性组企业专利平均值最高，为6.03，高女性占比组为5.22，无女性高管企业更重视专利开发，在有女性高管的企业中，高女性占比但不主导似乎更重视专利开发（图4-3）。

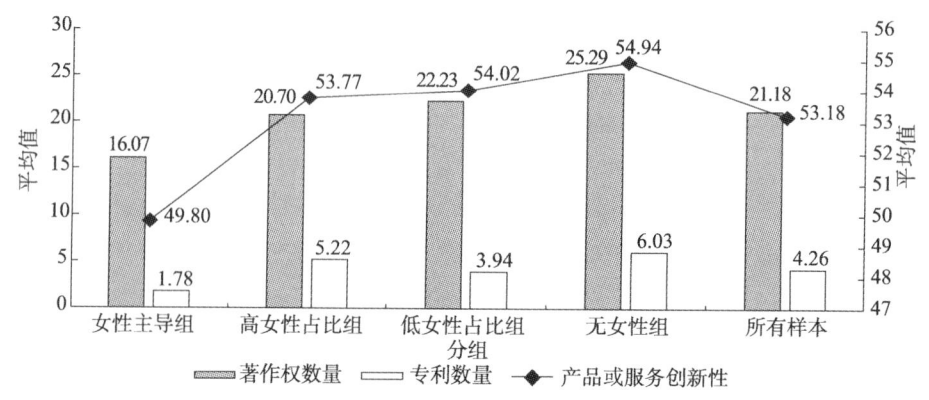

图4-3　新三板IT企业高管团队中女性高管占比与产品或

服务创新性、著作权数量和专利数量差异

最后，并没有发现女性高管占比导致企业总资产增长率、营业收入增长率和净利润增长率差异的统计证据。无论是比较女性主导组、高女性占比组、低女性占比组、无女性组，还是比较有女性组与无女性组，都没有发现总资产增长率、营业收入增长率和净利润增长率在组间存在显著性差异的证据。

4.2.2 高管团队性别异质性及其对企业经营和业绩的影响

以性别异质性指数为依据，将955家企业划分为三组：一是高异质性组（性别异质性指数大于或等于0.40，即在这样的高管团队中，男女性别大致相当，性别主导不明显）；二是适度异质性组（性别异质性指数介于0~0.40，即在这样的高管团队中，男女性别失衡，数量上存在性别主导）；三是同质组（性别异质性指数等于0，即在这样的高管团队中，全部为男性成员）。从分布来看，高性别异质性组共计433家企业，占比45.3%，同质组共计267家企业，占比为28.0%，适度异质性组企业数量占比为26.7%。与此同时，在高异质性组，高管性别异质性系数的平均值为0.47，而在适度异质性组，高管团队性别异质性系数的平均值为0.35。

首先，高管团队性别异质性与企业挂牌当年年底的总资产（相关系数为–0.201，$p=0.000$）和营业收入（相关系数为–0.185，$p=0.000$）负相关，针对盈利企业，高管团队性别异质性与挂牌当年年底净利润水平负相关（相关系数为–0.166，$p=0.000$）。基于性别异质性的分组在总资产（$F=28.076$，$p=0.000$）、营业收入（$F=25.385$，$p=0.000$）和净利润（盈利企业）（$F=15.673$，$p=0.000$）方面表现出了显著性差异。新三板IT企业高管团队性别异质性与企业业绩差异，见表4-3。

表4-3 新三板IT企业高管团队性别异质性与企业业绩差异

业绩指标		高异质性组	适度异质性组	同质组
总资产	平均值	3.59↓	3.80	3.84↑
	标准差	0.45	0.48	0.50
营业收入	平均值	3.47↓	3.71	3.73↑
	标准差	0.51	0.50	0.61
净利润（所有企业）	平均值	2.08	2.23	2.18
	标准差	1.19	1.28	1.36
净利润（盈利企业）	平均值	2.61↓	2.84	2.89↑
	标准差	0.62	0.58	0.63

注：标注箭头的表明两两配对的方差检验在统计上存在显著差异，其中，上箭头表示最大值，下箭头表示最小值。

同质组在挂牌当年年底的总资产、营业收入和净利润（盈利企业）表现最好，这一结果再次验证了基于性别分组比较发现的没有女性高管的企业在业绩表现上更好。但有趣的是，在有女性高管的企业中，性别异质性可能起到了很大的作用，高异质性组的企业业绩要差于适度异质性组的企业业绩。这意味着，在有女性高管的企业中，女性高管成员与男性高管成员数量越逼近相当，业绩越差；女性高管成员数量较男性处于劣势或优势时，业绩可能更高。

这一发现不同于董事会性别异质性的结果，在董事会层面，在有女性董事的企业中，男女数量相当比数量失衡的企业业绩表现更好；在高管团队层面，在有女性高管的企业中，男女数量失衡比男女数量相当的企业业绩表现更好。基于性别异质性，在董事会和高管层面结果对立的原因很值得关注，我们怀疑可能是决策内容起到了很关键的作用。

其次，高管团队性别异质性与著作权数量（相关系数为-0.095，$p=0.003$）和专利数量（相关系数为-0.069，$p=0.033$）均呈现为负相关关系，基于性别异质性的分组仅在著作权数量（$F=4.418$，$p=0.012$）表现出了显著性差异。

尽管没有统计上的显著性，高管团队性别同质性组的企业在产品或服务创新性、著作权和专利数量等方面的表现最好；与适度异质性组相比较，高管团队性别结构高异质性组在产品或服务创新性、著作权和专利数量等方面的表现更差（图4-4）。

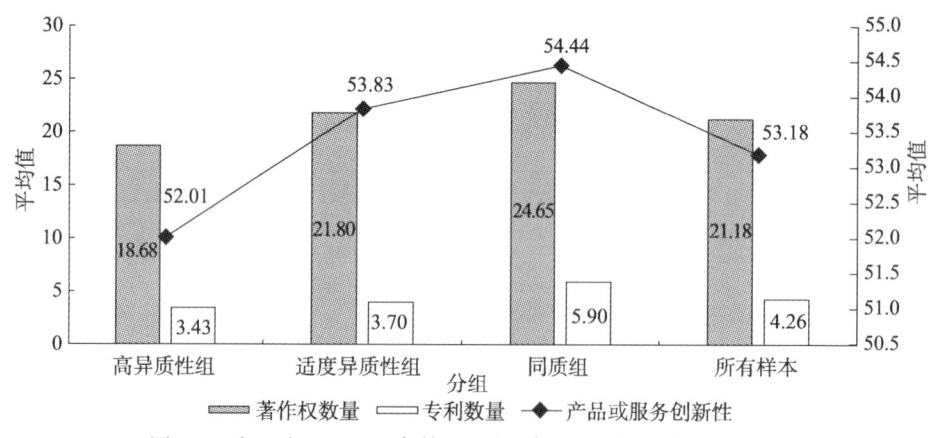

图4-4 新三板IT企业高管团队性别异质性与著作权数量、专利数量、产品或服务创新性的差异

最后，并没有发现性别异质性占比导致企业总资产增长率、营业收入增长率和净利润增长率差异的统计证据。无论是比较高异质性组、适度异质性组、同质组，还是比较有女性组与无女性组，都没有发现总资产增长率、营业收入增长率和净利润增长率在组间存在显著性差异的证据。

更为重要的是，总经理性别可能在很大程度上会影响高管团队的性别结构。与总经理为男性的企业相比较，女性总经理领衔的企业在女性高管占比和性别异质性等方面的表现都更高。女性总经理领衔企业的女性高管占比平均值高达55%（相较于男性董事长领衔企业的25%），性别异质性平均值高达0.38（相较于男性董事长领衔企业的 0.30）。

4.3 高管团队年龄结构及其对企业经营和业绩的影响

955 家新三板 IT 企业高管团队平均年龄的均值为 40.4 岁，低于董事会平均年龄的均值，并且这种差异存在着统计上的显著性（$t=9.889$，$p=0.000$），意味着在 955 家企业中，总体来看，高管团队是较董事会更加年轻的团队。下面，分别从新三板 IT 企业高管团队平均年龄以及年龄异质性两个角度展开分析。

4.3.1 高管团队平均年龄特征及其对企业经营和业绩的影响

与董事会年龄结构相似，955 家高管团队平均年龄的均值不存在地区差异和挂牌年份差异，但存在着行业差异和生存年限差异。在互联网和相关服务行业，高管团队平均年龄的均值为 38.5 岁（最年轻的管理团队平均年龄为 27 岁），在统计上显著低于软件和信息技术服务业企业的 40.9 岁（最年轻的管理团队平均年龄为 28 岁）（$F=41.889$，$p=0.000$）；生存年限小于 8 年的企业高管团队平均年龄的均值为 38.8 岁（最年轻的管理团队平均年龄为 27 岁），在统计上显著低于生存年限大于或等于 8 年企业的 41.9 岁（最年轻的管理团队平均年龄为 29 岁）（$F=01.143$，$p=0.000$）。这再次验证在过去几年里，IT 领域新兴企业管理团队的年轻化趋势非常明显，"70 后"是新三板 IT 企业高管团队的主导群体，特别是在互联网和相关服务行业，"80 后"已经在新三板 IT 企业高管团队中占据主导地位。

总体上看，高管团队平均年龄与挂牌当年年底总资产（相关系数为 0.179，$p=0.000$）、营业收入（相关系数为 0.148，$p=0.000$）和净利润（盈利企业）（相关系数为 0.117，$p=0.001$）呈现为显著性正相关关系，与挂牌当年年底总资产增长率（相关系数为 –0.125，$p=0.000$）和营业收入增长率（相关系数为 –0.108，$p=0.001$）呈现为显著性负相关关系。基于行业和生存年限差异，高管团队平均年龄与企业业绩之间的关系也在发生变化。

首先，在考虑行业差异的条件下，依据董事会平均年龄，将 955 家新三板 IT 企业划分为两组：一组是高龄组（在软件和信息技术服务业，平均年龄大于或等于 40.9 岁；在互联网和相关服务行业，平均年龄大于或等于 38.5 岁）；另一组是低龄组（在软件和信息技术服务业，平均年龄小于 40.9 岁；在互联网和相关服务行业，平均年龄小于 38.5 岁）。

在不同行业中，高管团队平均年龄与企业业绩的关系存在显著性变化。从企业绩效角度看，在互联网和相关服务行业内，高龄组和低龄组企业在挂牌当年年底总资产（$F=3.657$，$p=0.057$）和营业收入（$F=4.940$，$p=0.027$）方面存在显著性差异，但在净利润（所有企业与盈利企业）方面没有显著性差异；在软件和信息技术服务业，高龄组企业在挂牌当年年底总资产（$F=52.440$，$p=0.000$）、营业收入（$F=36.629$，$p=0.000$）和净利润（$F=17.238$，$p=0.000$）的平均值均显著高于低龄组。在互联网和相关服务行业内，高龄组和低龄组在总资产和营业收入增长率方面并没有表现出显著性差异；在软件和信息技术服务业内，低龄组企业的营业收入增长率（$F=4.794$，$p=0.029$）平均值显著高于高龄组，在总资产和净利润增长率方面不存在显著性差异（图4-5）。

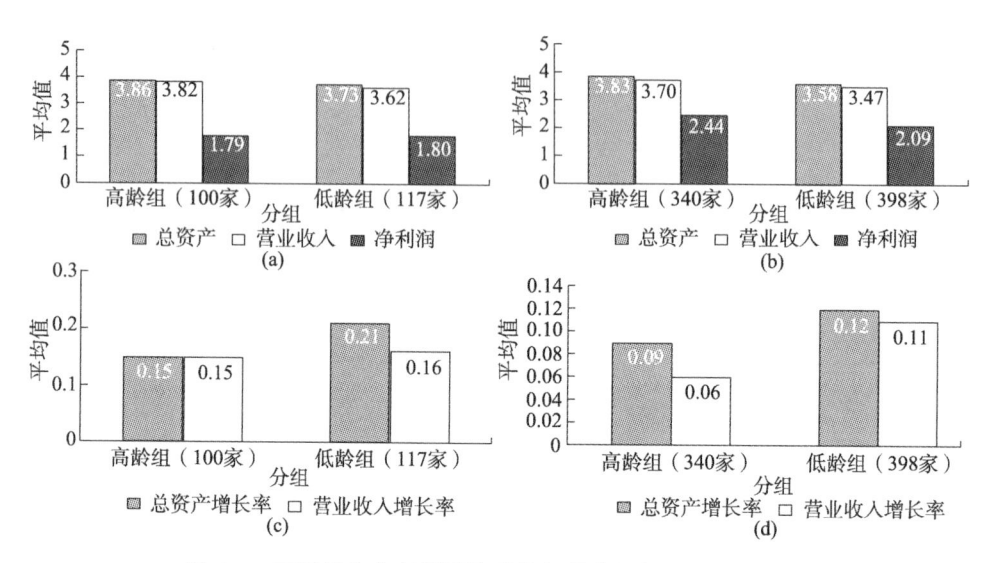

图4-5 不同行业内高管团队平均年龄分组与企业业绩差异

图（a）为互联网和相关服务行业高龄组和低龄组企业的总资产、营业收入和净利润比较；图（b）为软件和信息技术服务业高龄组和低龄组企业的总资产、营业收入和净利润比较；图（c）为互联网和相关服务行业高龄组和低龄组企业的总资产增长率和营业收入增长率比较；图（d）为软件和信息技术服务业高龄组和低龄组企业的总资产增长率和营业收入增长率比较

其次，在考虑生存年限差异的条件下，依据高管团队平均年龄，将955家企业划分为两组：一组是高龄组（对于生存年限小于8年的企业，平均年龄大于或等于38.8岁；对于生存年限大于或等于8年的企业，平均年龄大于或等于41.9岁）。另一组是低龄组（对于生存年限小于8年的企业，平均年龄小于38.8岁；对于生存年限大于或等于8年的企业，平均年龄小于41.9岁）。

在不同生存年限组，高管团队平均年龄与企业业绩之间的关系存在显著性变化。从企业绩效角度看，对于生存年限小于8年的企业，高龄组的总资产（$F=6.514$，$p=0.011$）和营业收入（$F=3.233$，$p=0.073$）平均值显著高于低龄组，但在净利润方面并没有显著性差异；对于生存年限大于或等于8年的企业，高龄组在总资产（$F=11.676$，$p=0.001$）、营业收入（$F=14.498$，$p=0.000$）和净利润（$F=5.145$，$p=0.024$）等方面的平均值都显著高于低龄组。从增长率看，对于生存年限大于或等于8年的企业，低龄组的总资产增长率（$F=9.325$，$p=0.002$）和营业收入增长率（$F=3.506$，$p=0.062$）都显著高于高龄组，但两者在净利润增长率方面没有显著性差异。但对于生存年限小于8年的企业，高龄组和低龄组在总资产、营业收入和净利润等方面都没有显著性差异（图4-6）。

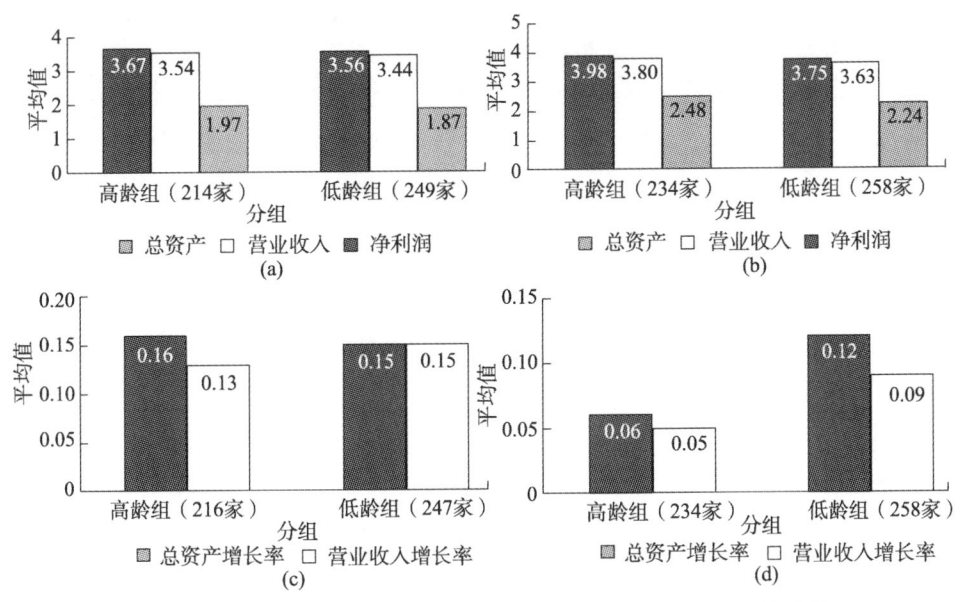

图4-6 不同生存年限企业高管团队平均年龄分组与企业业绩差异

图（a）为生存年限小于8年的高龄组和低龄组企业的总资产、营业收入和净利润比较；图（b）为生存年限大于或等于8年的高龄组和低龄组企业的总资产、营业收入和净利润比较；图（c）为生存年限小于8年的高龄组和低龄组企业的总资产增长率和营业收入增长率比较；图（d）为生存年限大于或等于8年的高龄组和低龄组企业的总资产增长率和营业收入增长率比较；因有缺失值，故图（a）、图（c）中高龄组、低龄组数值不一致

对比董事会平均年龄的影响，可以发现针对不同生存年限的企业，董事会与高管团队平均年龄差异对企业业绩指标和增长率指标的影响作用方向一致，在企业业绩指标方面，高龄组均优于低龄组，而在增长率指标方面，除了生存年限小于8年的企业中低龄组的总资产增长率低于高龄组，低龄组总体上优于高龄组。但针对不同行业而言，董事会和高管团队的平均年龄结构对于企业业绩的影响存在着重要差异。

在互联网和相关服务行业，董事会平均年龄结构不会造成企业业绩指标差异，但高龄组高管团队的企业业绩会优于低龄组高管团队；低龄组董事会的企业增长率指标要优于高龄组董事会，但高管团队平均年龄差异不会造成业绩增长指标差异。在软件和信息技术服务业，董事会与高管团队平均年龄差异都会造成企业业绩规模指标的差异，且方向一致都是高龄组优于低龄组；董事会平均年龄差异不会造成企业业绩增长指标差异，但低龄组高管团队的企业增长率指标要优于高龄组高管团队。

总体上看，高管团队平均年龄与企业产品或服务创新性（相关系数为 0.133，$p=0.003$）、著作权数量（相关系数为 0.174，$p=0.000$）和专利数量（相关系数为 0.188，$p=0.000$）呈现为显著性正相关关系。但在不同行业和不同生存年限条件下，高管团队平均年龄与企业经营关系存在着显著性差异，见图 4-7。

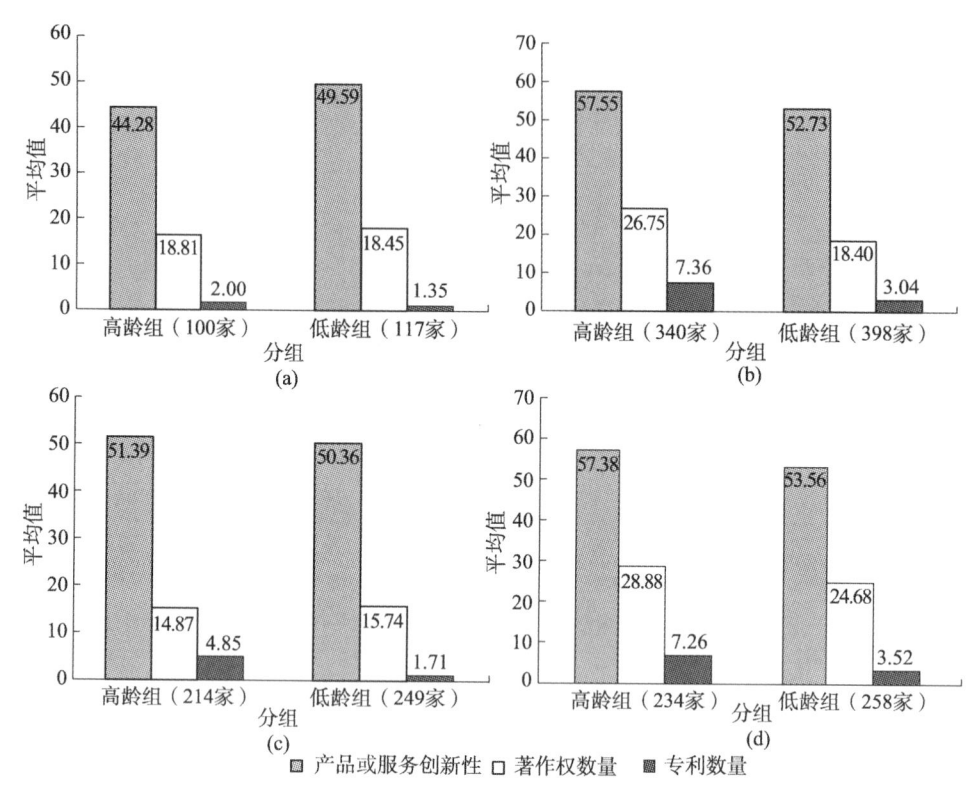

图 4-7　不同行业和生存年限企业高管团队平均年龄分组与企业经营差异

图（a）为互联网和相关服务行业高龄组和低龄组企业的产品或服务创新性、著作权数量和专利数量比较；图（b）为软件和信息技术服务业高龄组和低龄组企业的产品或服务创新性、著作权数量和专利数量比较；图（c）为生存年限小于 8 年的高龄组和低龄组企业的产品或服务创新性、著作权数量和专利数量比较比较；图（d）生存年限大于或等于 8 年的高龄组和低龄组企业的产品或服务创新性、著作权数量和专利数量比较

从行业角度看，在互联网和相关服务行业，高龄组和低龄组在产品或服务创新性（$F=3.673$，$p=0.057$）方面存在显著性差异但在著作权和专利数量等方面的差异并不显著，低龄组高管团队领衔企业在产品或服务创新性方面的表现更好；但在软件和信息技术服务业，高龄组和低龄组在产品或服务创新性（$F=13.528$，$p=0.000$）、著作权数量（$F=17.514$，$p=0.000$）和专利数量（$F=10.427$，$p=0.001$）等方面存在着显著性差异，高龄组在产品或服务创新性、著作权数量与专利数量的平均值都显著高于低龄组。

从生存年限角度看，对于生存年限小于 8 年的企业，高龄组和低龄组仅在专利数量（$F=3.474$，$p=0.063$）方面存在显著性差异，产品或服务创新性以及著作权数量方面的差异不显著，高龄组在专利数量方面的表现要优于低龄组；对于生存年限大于或等于 8 年的企业，高龄组和低龄组在产品或服务创新性（$F=5.473$，$p=0.020$）和专利数量（$F=7.681$，$p=0.006$）等方面存在显著性差异但在著作权数量方面的差异没有显著性，高龄组在产品或服务创新性与专利数量方面的均值都高于低龄组。

结合董事会平均年龄的结果，可以发现在不同行业和不同生存年限中，高管团队平均年龄对企业经营的影响与董事会平均年龄的影响大体一致。但特别值得关注的是，在互联网和相关服务行业内，高管团队对于企业经营的影响似乎要大于董事会，这表现为高管团队平均年龄对产品或服务创新性产生显著性影响而董事会的影响不显著的事实。

进一步分析发现，高管团队的平均年龄结构在很大程度上取决于董事会的平均年龄特征。无论是以行业为分类依据，还是以企业生存年限为分类依据，高管团队平均年龄与董事会平均年龄都存在着显著正相关关系。采用相同标准依据董事长年龄对企业进行类别划分，发现无论是以行业为分类依据还是以生存年限为分类依据，高龄董事会企业的高管团队平均年龄都高于低龄董事会的高管团队平均年龄，并且这种差异存在着统计上的显著性。

4.3.2 高管团队的年龄异质性及其对企业经营和业绩的影响

与董事会相似，高管团队平均年龄差异会诱发年龄异质性差异。基于行业和生存年限产生的高管团队平均年龄的差异，进一步诱发了不同情况下的高管团队年龄异质性指数差异。但与高管团队平均年龄不同，年龄异质性核心是考察高管团队成员年龄差异程度的影响，因此，基于行业、生存年限以及异质性指数的组合条件，将 955 家新三板 IT 企业予以分组比较分析，见表 4-4。

表 4-4 新三板 IT 企业在不同行业、生存年限企业高管团队年龄波动范围分布

组别	互联网和相关服务行业			软件和信息技术服务业		
	平均年龄	年龄异质性指数*	波动均值	平均年龄	年龄异质性指数*	波动均值
高龄组	42.36	0.14	5.93	45.17	0.13	5.87
低龄组	35.17	0.11	3.87	37.27	0.12	4.47

组别	生存年限小于 8 年的企业			生存年限大于或等于 8 年的企业		
	平均年龄	年龄异质性指数**	波动均值	平均年龄	年龄异质性指数**	波动均值
高龄组	42.74	0.14	5.98	45.80	0.13	5.95
低龄组	35.37	0.12	4.24	38.26	0.11	4.21

* 表示不同行业高管团队之间的年龄异质性指数存在显著性差异。在互联网和相关服务行业，组间差异统计量为 $F=10.481$，$p=0.001$；在软件和信息技术服务业，组间差异统计量为 $F=6.355$，$p=0.012$；
*表示不同生存年限企业高管团队之间的年龄异质性指数存在显著性差异。对于生存年限小于 8 年的企业，组间差异统计量为 $F=6.071$，$p=0.014$；对于生存年限大于或等于 8 年的企业，组间差异统计量为 $F=10.392$，$p=0.001$。

首先，在行业和年龄分组的组合下，依据年龄异质性指数，将955家企业划分为两类：一类是高年龄异质性组（在互联网和相关服务行业，高龄组的年龄异质性指数大于或等于0.14，低龄组的年龄异质性指数大于或等于0.11；在软件和信息技术服务业，高龄组的年龄异质性指数大于或等于0.13，低龄组的年龄异质性指数大于或等于0.12）。另一类是低年龄异质性组（在互联网和相关服务行业，高龄组的年龄异质性指数小于0.14，低龄组的年龄异质性小于0.11；在软件和信息技术服务业，高龄组的年龄异质性指数小于0.13，低龄组的年龄异质性指数小于0.12）。

图4-8显示，在互联网和相关服务行业，高管团队年龄异质性高低对于挂牌当年年底的总资产（$F=5.056$，$p=0.026$）有着显著性影响：与高年龄异质性组相比较，低年龄异质性组在挂牌当年的总资产均值更高。在软件和信息技术服务业，高管团队年龄异质性对于企业挂牌当年年底总资产（$F=7.937$，$p=0.0005$）和营业收入（$F=6.527$，$p=0.011$）有着显著性影响，但对于挂牌当年年底的净利润差异的影响不显著：与高年龄异质性组相比较，低年龄异质性组在挂牌当年年底总资产和营业收入均值更高。

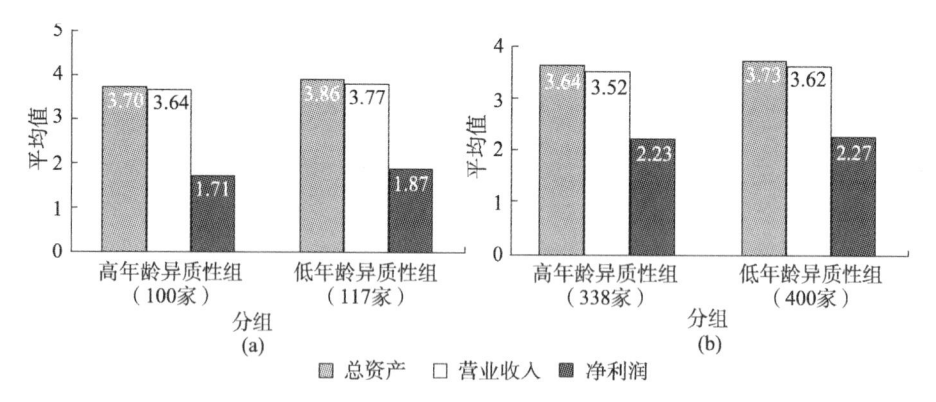

图4-8 不同行业内高管团队年龄异质性分组与企业业绩差异

图（a）为互联网和相关服务行业高年龄异质性组和低年龄异质性组企业的总资产、营业收入和净利润比较；图（b）为软件和信息技术服务业高年龄异质性组和低年龄异质性组企业的总资产、营业收入和净利润比较

但是，无论是在互联网和相关服务行业还是在软件和信息技术服务业，并没有发现不同高管团队年龄异质性在企业总资产增长率、营业收入增长率和净利润增长率的均值方面表现出显著性差异的证据，也没有发现不同高管团队年龄异质性在企业产品或服务创新性、著作权和专利数量的平均值上表现出显著性差异的证据。

其次，在生存年限和年龄分组的组合下，依据年龄异质性指数，将955家新三板IT企业划分为两类：一类是高年龄异质性组（对于生存年限小于8年的企业，高龄组的年龄异质性指数大于或等于 0.14，低龄组的年龄异质性指数大于或等于 0.12；对于生存年限大于或等于 8 年的企业，高龄组的年龄异质性指数大于或等于 0.13，低龄组的年龄异质性指数大于或等于 0.11）。另一类是低年龄异质性组（对于生存年限小于 8 年的企业，高龄组的年龄异质性指数小于 0.14，低龄组的年龄异质性指数小于 0.12；对于生存年限大于或等于 8 年的企业，高龄组的年龄异质性指数小于 0.13，低龄组的年龄异质性指数小于 0.11）。

图 4-9 显示，对于生存年限小于 8 年的企业，高管团队年龄异质性高低对于挂牌当年年底的总资产（$F=4.682$，$p=0.031$）有着显著影响但对营业收入和净利润的影响不显著；与高年龄异质性组相比较，低年龄异质性组在挂牌当年的总资产平均值更高。对于生存年限大于或等于 8 年的企业，高管团队年龄异质性高低对于企业挂牌当年年底的总资产（$F=5.941$，$p=0.015$）和营业收入（$F=5.882$，$p=0.016$）有着显著性影响，但对于挂牌当年年底的净利润差异的影响不显著。与高年龄异质性组相比较，低年龄异质性组在挂牌当年年底的总资产和营业收入平均值更高。

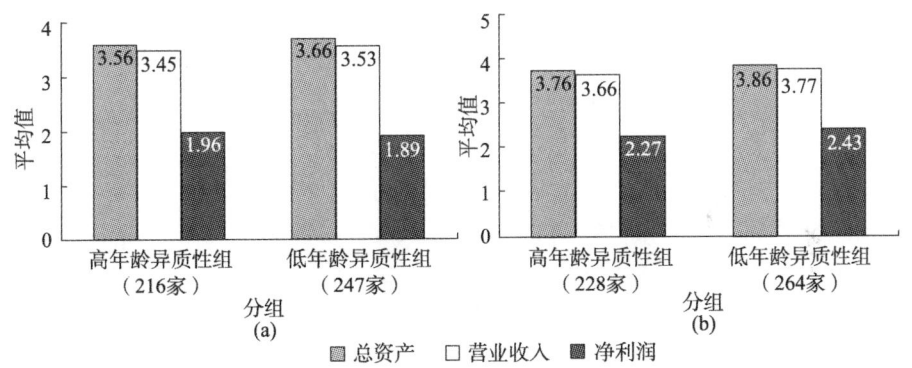

图 4-9　不同生存年限企业高管团队年龄异质性分组与企业业绩差异

图（a）为生存年限小于 8 年的高年龄异质性组和低年龄异质性组企业的总资产、营业收入和净利润比较；图（b）为生存年限大于或等于 8 年的高年龄异质性组和低年龄异质性组企业的总资产、营业收入和净利润比较

但是，无论是生存年限小于 8 年还是生存年限大于或等于 8 年的企业，都没有发现不同高管团队年龄异质性分组之间在企业总资产、营业收入和净利润增长率的均值上表现出显著性差异的证据，也没有发现不同高管团队年龄异质性分组之间在企业产品或服务创新性、著作权和专利数量的均值表现出显著性差异的证据。

结合董事会年龄异质性结构的分析结果，高管团队年龄异质性对于企业业绩和经营的影响与董事会大致相似，但不同行业和生存年限条件下，影响面存在着细微差异。在互联网和相关服务行业，高管团队年龄异质性的影响面要弱于董事会，董事会年龄异质性会诱发企业三项业绩规模指标的差异，而高管团队年龄异质性仅会影响企业总资产；对于生存年限小于 8 年的企业，高管团队年龄异质性的影响面要弱于董事会，董事会年龄异质性会诱发企业三项业绩规模指标的差异，而高管团队年龄异质性仅会影响企业总资产；对于生存年限大于或等于 8 年的企业，高管团队年龄异质性的影响面要强于董事会，高管团队年龄异质性会导致企业总资产和营业收入差异，但董事会年龄异质性仅仅会诱发营业收入差异。

4.4 高管团队学历结构及其对企业经营和业绩的影响

在互联网和信息技术行业领域，与董事会相似，高管团队学历水平已经发生了质变。在 955 家新三板 IT 企业的 3503 名高管人员中，共有 106 位（3.03%）高管具有博士学位；839 位（23.95%）高管具有硕士学位；1829 位（52.21%）高管具有本科学位；729 位（20.81%）高管具有专科及以下学历。在考虑董事兼任高管带来的影响后，仍然发现了高管团队学历层次大幅度提升的证据[1]。

4.4.1 高学历高管占比及其对企业经营和业绩的影响

与董事会分析相一致，将硕士和博士学位界定为高学历水平，将 955 家企业划分为三类：高学历主导组（高学历高管占比大于或等于 50%，高学历高管数量在高管团队中占一半及以上）、高学历存在组（高学历高管占比介于 0~50%，即董事会中有高学历高管，但数量上并不占据主导）、无高学历组（高学历高管占比等于 0，即高管团队中没有高学历高管）。从分布情况看，高管团队中有高学历高管的企业数量为 572 家，占比为 59.90%，其中高学历主导组占比为 24.40%，高管团队中没有高学历高管的企业数量为 383 家，占比为 40.10%。从数量上看，在高学历主导组的新三板 IT 企业中，高管团队的高学历高管数量的平均值为 2.29，而在高学历存在组的新三板 IT 企业中，高管团队中高学历高管数量的平均值为 1.21。

首先，高管团队中高学历高管占比与企业挂牌当年年底的总资产（相关系数为 0.147，$p=0.000$）、营业收入（相关系数为 0.113，$p=0.000$）之间存在显著性正相关关系，与挂牌当年年底的净利润并没有显著性相关关系，但在盈利企业群体中，高学历高管占比与净利润（相关系数为 0.113，$p=0.002$）正相关。基于学历的分组在总资产（$F=12.055$，$p=0.000$）、营业收入（$F=6.607$，$p=0.001$）和净利润（盈利企业）（$F=4.588$，$p=0.010$）方面表现出了显著性差异。

高学历高管占比越高，企业挂牌当年年底总资产、营业收入和净利润越高。对于总资产而言，高学历主导组的平均值为 3.80，高于其他两组，特别是大幅度

---

[1] 考虑到 3503 名高管中有 64.2% 由董事兼任，依据董事会不同学位层次的比例乘以 64.2%，对比 3503 位高管学历层次的实际分布，仍发现非董事高管的学历水平大幅度提升，博士学位高管高出了 0.04 个百分点，硕士学位高管高出了 5.8 个百分点，本科学位高管高出了 22.88 个百分点。

高于无高学历组的 3.62；对于营业收入而言，高学历主导组的平均值为 3.67，高于其他两组，特别是明显高于无高学历组的 3.53；对于盈利企业的净利润而言，高学历主导组的平均值为 2.87，明显高于无高学历组的 2.69（表 4-5）。

表 4-5 新三板 IT 企业高学历高管占比与企业业绩差异

业绩指标		无高学历组	高学历存在组	高学历主导组
总资产	平均值	3.62↓	3.76	3.80↑
	标准差	0.46	0.50	0.51
营业收入	平均值	3.53↓	3.65	3.67↑
	标准差	0.55	0.54	0.56
净利润（所有企业）	平均值	2.10	2.18	2.18
	标准差	1.24	1.25	1.34
净利润（盈利企业）	平均值	2.69↓	2.74	2.87↑
	标准差	0.61	0.65	0.62

注：标注箭头的表明两两配对的方差检验在统计上存在显著差异，其中，上箭头表示最大值，下箭头表示最小值

其次，高管团队中的高学历高管占比与产品或服务创新性（相关系数为 0.383，$p=0.000$）、著作权数量（相关系数为 0.199，$p=0.000$）和专利数量（相关系数为 0.124，$p=0.001$）均呈现显著性正相关关系，基于学历的分组在产品或服务创新性（$F=5.630$，$p=0.004$）和著作权数量（$F=4.770$，$p=0.009$）等方面表现出了显著性差异。

高学历高管占比越高，企业产品或服务创新性越强：高学历主导组的产品或服务创新性平均值为 55.50，高学历存在组为 54.31，无高学历组为 50.76。与无高学历高管企业相比，有高学历高管企业的著作权数量更高，但有趣的是，高学历存在组企业的著作权数量高于高学历主导组企业，分别为 23.93 和 22.26（图 4-10）。

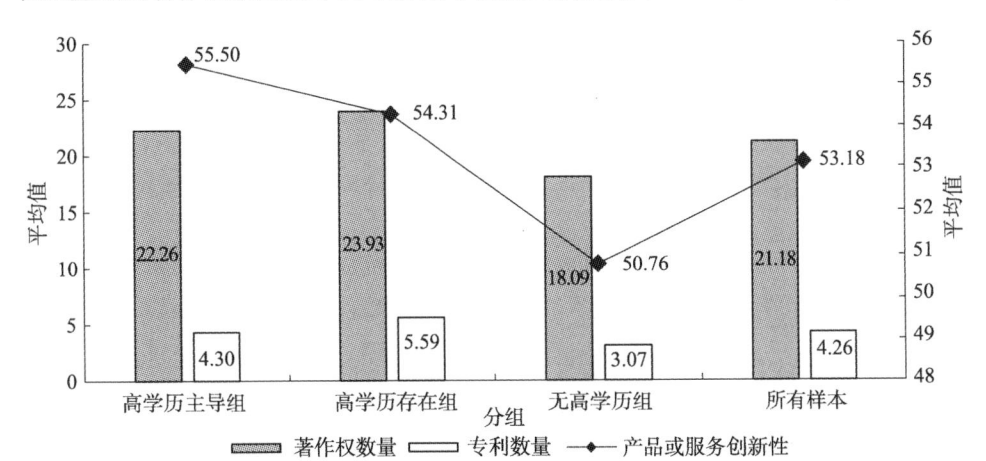

图 4-10 新三板 IT 企业高学历高管占比与产品或服务创新性、著作权和专利数量差异

最后，高学历高管占比导致企业营业收入增长率（$F=2.602$，$p=0.075$）存在显著性差异，高学历主导组企业的营业收入增长率均值最高。但是，并没有发现

高学历董事占比导致企业总资产和净利润增长率差异的统计证据。无论是比较高学历主导组、高学历存在组、无高学历组，还是比较有高学历组与无高学历组，都没有发现总资产和净利润增长率在组间存在显著性差异的证据。

4.4.2 高管团队学历异质性及其对企业经营和业绩的影响

与董事会分析相一致，以学历异质性指数的平均值为依据，将955家企业划分为三组：一是学历高异质性组（学历异质性指数大于或等于0.4004）；二是学历适度异质性组（学历异质性指数介于0~0.4004）；三是学历同质组（学历异质性指数等于0，即全部成员的学历相同）。从分布上看，学历高异质性企业占比为63.00%，学历同质组企业占比为18.30%，学历适度异质性占比为18.6%，在学历高异质性组的新三板IT企业中，高管团队学历异质性系数的平均值为0.53，而在学历适度异质性组中，高管团队学历异质性系数的平均值为0.35。

首先，与董事会学历异质性不发生作用不同，发现高管团队学历异质性不同组在挂牌当年年底的总资产（$F=2.999$，$p=0.050$）、总资产增长率（$F=2.712$，$p=0.067$）和营业收入增长率（$F=3.379$，$p=0.034$）之间存在显著性差异。但在挂牌当年年底的营业收入和净利润，以及净利润增长率方面的差异不显著。新三板IT企业高管团队学历异质性分组与企业业绩差异见表4-6。

表4-6　新三板IT企业高管团队学历异质性分组与企业业绩差异

业绩指标		学历高异质性组	学历适度异质性组	学历同质组
总资产	平均值	3.71	3.79↑	3.66↓
	标准差	0.49	0.48	0.49
营业收入	平均值	3.60	3.65	3.60
	标准差	0.55	0.54	0.57
净利润	平均值	2.16	2.15	2.09
	标准差	1.27	1.33	1.32
总资产增长率	平均值	0.14↑	0.09↓	0.11
	标准差	0.27	0.39	0.26
营业收入增长率	平均值	0.13↑	0.05↓	0.09
	标准差	0.32	0.40	0.27
净利润增长率	平均值	2.09	2.09	2.08
	标准差	0.18	0.04	0.10

注：标注箭头的表明两两配对的方差检验在统计上存在显著差异，其中，上箭头表示最大值，下箭头表示最小值

有趣的是，从规模指标来看，学历适度异质性组的表现最好，而学历同质组的表现最差。但从增长率指标来看，学历高异质性组在总资产增长率和营业收入增长率的表现最好，同样是学历同质组的表现最差。董事会学历异质性不发生作用而高管团队异质性产生作用，同时学历适度异质性团队总资产最高但总资产和营业收入增长率表现最差、高学历异质性团队总资产增长率和营业收入增长率表

现最高等事实非常值得关注。

　　董事会学历异质性不发生作用而高管团队学历异质性发生作用，在很大程度上恰恰表明了在中国情境下高管学历层次差异性诱发冲突从而影响企业业绩。其原因在于，相对于董事会而言，高管团队的互动频率更高，决策事件和内容更加丰富，在高频率的决策互动条件下，学历层次差异导致的思维和视野差异就有可能诱发决策冲突。换句话说，在董事会层面，仅仅是因为决策内容和范围有限、互动频率不高限制了学历层次差异诱发冲突的可能性。

　　进一步分析发现，不同学历异质性组在企业高管团队中高学历高管占比方面存在显著性差异[①]：学历同质组以学历相似的低学历高管团队为主，有157家企业（占比89.7%）高管团队成员是均是本科或专科及以下学历。学历适度异质性组的典型特征是以以相似低学历为主导同时高学历为劣势的高管团队为主要群体，有152家企业（占比85.4%）高管团队成员中高学历高管人员比例等于或小于25%。学历高异质性组的典型特征是以相异高学历为主导同时低学历为劣势、以相异低学历为主导同时高学历为劣势，以及以相异低学历同时无高学历高管，189家企业（占比31.4%）高管团队成员中高学历高管人员比例大于或等于50%；94家企业（占比15.6%）高管团队中高学历高管人员比例等于或小于25%；144家企业（24.0%）企业高管团队中没有高学历高管团队成员。

　　这意味着，一方面，与董事会学历结构的分析相一致，高学历高管人员有助于产生象征效应和格局效应，因此学历同质组高管团队的总资产最低，而学历高异质性组不如学历适度异质性组，因为在学历高异质性组中有144家企业的高管团队中没有高学历高管团队成员。另一方面，学历层次诱发的冲突可能会损害企业的业绩增长率，尽管学历同质的高管团队的象征效应和格局效应存在劣势，但其在互动、沟通和决策中更不容易发生冲突，因此其增长率反而不低。更为重要的是，与学历高异质性高管团队相比较，学历适度异质性高管团队面临的冲突效应可能更加严峻。大胆推断，IT行业作为典型的知识密集型行业，硕士以上学历意味着专业知识优势，而本科及以下学历则意味着专业知识劣势，两者之间的冲突可能因格局效应差异而难以调和。这类冲突至少可能具有三方面的特征：一是与高学历层次之间差异或低学历层次之间差异诱发的冲突相比较，高低学历层次之间的冲突会更加激烈（硕士及以上相对于本科及以下）；二是相似学历之间更容易抱团形成压倒性优势反而更容易加剧冲突；三是在存在高低学历冲突的前提下，高学历内部或低学历内部差异有助于缓解高低学历诱发的冲突。

---

① 简单来说，以955家企业高管平均规模4位计算，学历同质组企业高管团队的典型结构是："本科+本科+本科+本科""专科+专科+专科+专科"；学历适度异质性组企业高管团队的典型结构是"本科+本科+本科+硕士或博士""专科+专科+专科+硕士或博士"；学历高异质性组企业高管团队的典型结构，以分布多少为序"博士+博士+硕士+本科或专科""硕士+硕士+博士+本科或专科""本科+本科+专科+专科""本科+本科+专科+硕士或博士""专科+专科+专科+硕士或博士"。整体来看，学历同质组企业为175家，学历高异质性组为601家企业。

其次，没有发现高管团队学历异质性导致企业经营差异的证据。具体而言，高管团队学历异质性与企业产品或服务创新性、著作权数量和专利数量均不存在相关关系，基于学历异质性的分组在产品或服务创新性、著作权数量和专利数量等方面也没有表现出显著性差异。

更为重要的是，董事长学历可能在很大程度上会影响高管团队的学历结构。与本科及以下学历董事长相比较，硕士和博士学历董事长领衔的企业中高学历高管的比例均值高出了 26 个百分点（前者为 14%，后者为 40%），并且这种差异存在着统计上的显著性（F=318.680，p=0.000）。也就是说，高学历董事长领衔企业的高管团队中高学历高管数量和比例会更高。

4.5 高管团队先前工作经验结构及其对企业经营和业绩的影响

与董事会相似，作为企业最高运营管理机构，在高管团队层面，这种影响力发生于群体层次，关键是高管团队的先前工作经验结构和特征，至少包括经验深度、经验相关度和经验来源等三个方面[①]。

4.5.1 高管团队先前工作经验深度及其对企业经营和业绩的影响

高管团队先前工作经验深度是高管团队先前工作经验的存量结构。这主要包括两方面的特征：一个是高管团队先前平均工作年限越高，意味着高管团队具有越丰富的先前知识积累；二是高管团队先前平均工作年限异质性，反映的是高管团队成员之间先前工作年限的差异程度。从高管团队先前平均工作年限看，高管团队先前平均工作年限的分布跨度大且分布零散，从最低的 0 年至最高的 37.00 年，平均值为 11.20 年，众数为 13.00 年（仅有 34 家企业），见图 4-11。

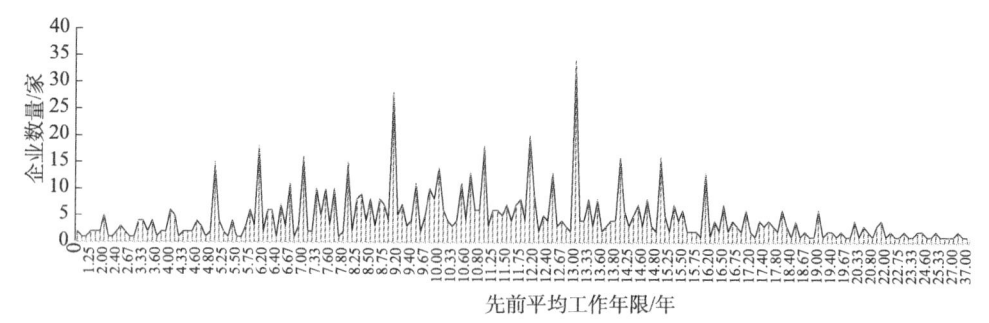

图 4-11 新三板 IT 企业高管团队先前平均工作年限的分布

---

① 955 家新三板 IT 企业中，有 53 家企业的高管团队成员先前工作年限信息缺失，故有关高管团队先前工作经验深度部分仅包括 902 家；有 50 家企业的高管团队成员先前相关工作经验年限信息缺失，故有关高管团队先前相关工作经验部分仅包括 905 家；有 15 家企业的高管团队成员先前工作经验来源信息缺失，故有关高管团队先前工作来源部分仅包括 940 家。

从高管团队先前平均工作年限的异质性水平看，872 家企业高管团队先前平均工作年限的异质性指数平均值为 0.56，企业高管团队先前平均工作年限的异质性指数差异较大，指数最低为 0，最高为 2.24。更为重要的是，进一步分析发现高管团队先前平均工作年限异质性指数与其先前平均工作年限之间呈现为显著性负相关关系（相关系数为-0.372，p=0.000）。这意味着，高管团队先前平均工作年限越高，成员之间先前工作年限的差异性越小，同往高处集聚；高管团队先前平均工作年限越低，成员之间先前工作年限的差异性越大，长短各不相同。

基于这一事实，以高管团队先前平均工作年限和高管团队先前平均工作年限异质性为依据，采用二阶聚类法将 902 家企业聚合成四类[①]：一是高深度高异质性高管团队领衔企业，这一组有 174 家企业，占总量的 19.3%，在这一组中，高管团队先前平均工作年限均值水平较高（平均值为 12.69 年）且异质性水平较高（平均值为 0.75）；二是高深度低异质性高管团队领衔企业，这一组有 329 家企业，占总量的 36.5%，在这一组中，高管团队先前平均工作年限均值水平最高（平均值为 15.34 年）且异质性水平最低（平均值为 0.31）；三是低深度高异质性高管团队领衔企业，这一组有 135 家企业，占总量的 15.0%，在这一组中，高管团队先前平均工作年限均值水平最低（平均值为 5.64 年）且异质性水平最高（平均值为 1.09）；四是低深度低异质性高管团队领衔企业，这一组有 260 家企业，占总量的 28.8%，在这一组中，高管团队先前平均工作年限平均值水平较低（平均值为 7.73）且异质性水平较低（平均值为 0.44）。

第一，不同组在挂牌当年年底净利润（F=2.297，p=0.076）方面存在着统计上的显著性差异，而在总资产和营业收入方面不存在显著性差异，不同组在挂牌当年年底总资产、营业收入和净利润增长率方面不存在显著性差异，见图 4-12。

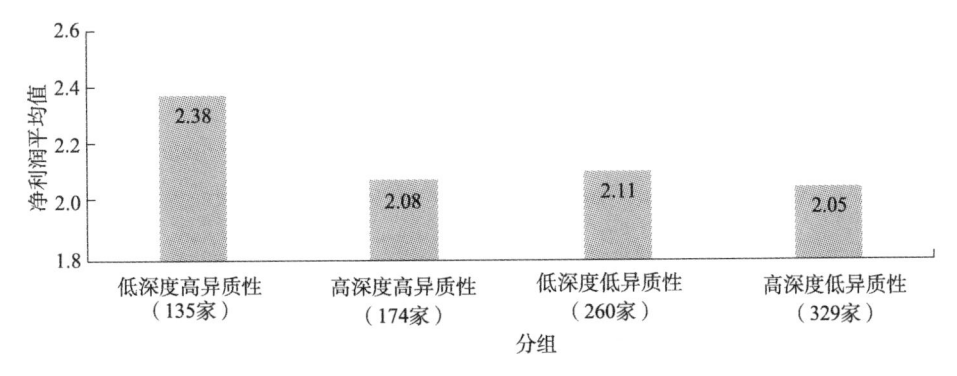

图 4-12　新三板 IT 企业高管团队先前工作经验深度分组与企业业绩差异

[①] 针对 902 家企业的聚类分析结果显示，其中 898 家企业被聚合成四类，有 4 家企业被统计成为离群极端值，占总量的 0.4%，因此这 4 家企业没有包括在后续分析中。

有趣的是，低深度高异质性高管团队领衔企业的净利润水平最高，高深度低异质性高管团队领衔企业的净利润水平最低。尽管不存在显著性差异，在营业收入方面，低深度高异质性高管团队领衔企业的平均值仍然最高（3.66），高深度低异质性高管团队领衔企业的平均值仍然最低（3.58）；在总资产层面，低深度高异质性高管团队领衔企业的平均值最高（3.73），高深度低异质性高管团队领衔企业的平均值排名第二（3.70）。这一结果表明，与董事会先前工作经验深度结构相一致，先前平均工作经验丰富集聚的高管团队容易产生象征效应，有助于外部资源整合而形成资产规模效应，而高管团队层面先前工作经验异质性则有助于改善企业决策而形成短期的利润优势。

第二，不同组在企业产品或服务创新性和专利数量均值的分布方面不存在显著性差异，但在著作权数量平均值方面存在着显著性差异（F=3.476，p=0.016），见图4-13。具体而言，从著作权数量来看，低深度高异质性高管团队领衔企业的著作权数量均值最高（平均值为25.89），但尽管不存在显著性差异，其专利数量平均值最低（平均值为2.87），产品或服务创新性水平较低（平均值为52.79）；高深度低异质性高管团队领衔企业的著作权数量平均值最低（平均值为17.60），但尽管不存在显著性差异，其专利数量平均值最高（平均值为4.99），产品或服务创新性水平最低（平均值为51.64）。

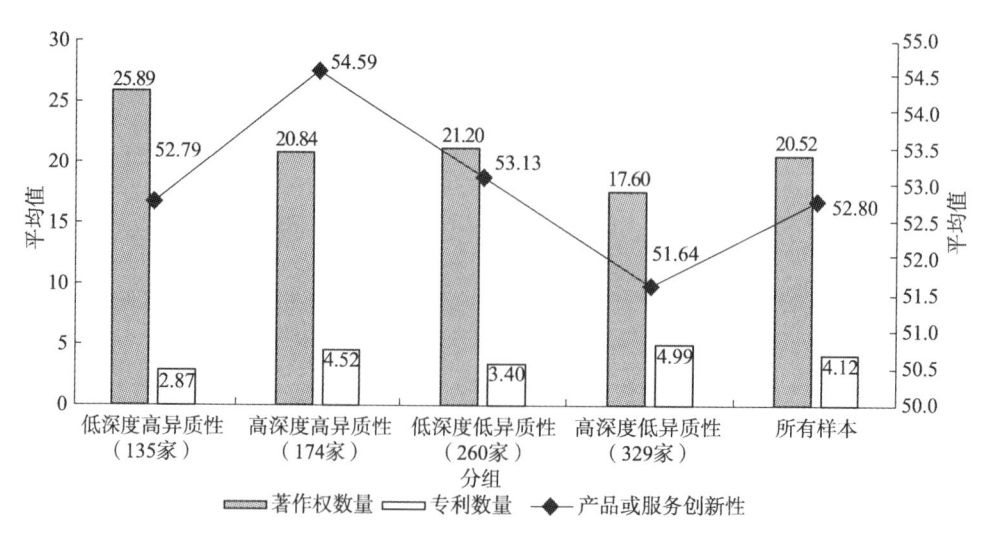

图4-13　新三板IT企业高管团队工作经验深度分组与产品或服务创新性、著作权数量、专利数量差异

进一步分析发现，不同组在企业挂牌当年年底的产品或服务的毛利率方面存在着显著性差异（F=2.421，p=0.065）。其中，低深度高异质性高管团队领衔企业的毛利率平均值最高（平均值为0.50），其次是低深度低异质性高管团队的0.49，

高深度高异质性高管团队的毛利率平均值最低（平均值为 0.44）。

高管团队层面先前工作经验深度结构的影响与董事会层面的基本一致，基于先前工作经验深度高低不同，经验深度异质性发挥作用的机制也存在差异。在高经验深度高管团队，一方面高经验深度会诱发有助于外部资源整合的象征效应，另一方面与低异质性相比较，高异质性高管团队更有助于开发创新性更高的产品或服务，尽管在短期内并没有形成利润优势，但在长期内也许会有更好的回报。在低经验深度高管团队，高异质性反而可能不利于产品或服务创新，但有助于在短期内迅速形成利润优势。

4.5.2 高管团队先前工作经验相关度及其对企业经营和业绩的影响

高管团队先前工作经验相关度是董事会在 IT 行业内积累的先前工作经验存量结构。这主要包括两方面的特征：一是高管团队平均相关工作年限越高，意味着高管团队在 IT 行业内积累的知识结构越丰富；二是高管团队成员之间先前相关工作年限异质性，反映的是高管团队成员之间先前相关工作经验的差异程度。

从高管团队先前平均相关工作年限水平看，有 100 家企业高管团队没有先前相关工作经验，在剩余的 805 家企业中，高管团队先前平均相关工作年限的分布跨度大且分布零散，从最低的 0.20 年至最高的 19.33 年，平均值为 4.51 年，众数为 4.00 年（仅有 34 家企业）。从高管团队先前相关工作年限异质性水平看，805 家企业高管团队先前相关工作经验异质性指数平均值为 1.04，企业高管团队先前相关工作经验异质性指数差异较大，最低的为 0，最高的为 2.24。更为重要的是，进一步分析发现高管团队先前相关工作经验异质性指数与其先前相关工作平均年限之间呈现为显著性负相关关系（相关系数为–0.242，p=0.000）。这意味着，高管团队先前平均相关工作年限越高的企业，高管团队成员之间先前相关工作年限的差异性越小，同往高处集聚；高管团队先前相关工作经验平均年限越低，成员之间先前相关工作经验年限的差异性越大，长短各不相同。

基于这一事实，以高管团队先前相关工作年限和高管团队先前相关工作年限异质性为依据，采用二阶聚类法对 805 家企业进行聚类分析[①]，在此基础上将 890 家企业划分为三类：一是内行型高管团队领衔企业，这一组有 599 家企业，占总量的 67.3%，在这一组中，高管团队先前相关工作平均年限的均值水平最高（平均值为 5.89 年）且异质性水平较低（平均值为 0.83）；二是内外行组合型高管团

---

① 针对 805 家企业的聚类分析结果显示，其中 790 家企业被聚合成两类，有 15 家企业被统计成为离群极端值，占总量的 1.9%，因此这 15 家企业没有包括在后续分析中，故企业总量为 790+100=890。

队领衔企业，这一组有 191 家企业，占总量的 21.5%，在这一组中，高管团队先前平均相关工作年限均值水平较低（平均值为 1.73 年）且异质性水平较高（平均值为 1.76）；三是外行型高管团队领衔企业，这一组有 100 家企业，占总量的 11.2%，在这一组中，高管团队没有任何先前相关工作经验。

第一，并没有发现不同组企业在挂牌当年年底总资产、营业收入、净利润，以及挂牌当年年底总资产、营业收入和净利润增长率方面存在显著性差异的证据，见表 4-7。与董事会层面的分析结果一致，尽管不存在统计上的显著性，但发现外行型高管团队领衔企业在挂牌当年年底的总资产、营业收入和净利润方面表现最好，内行型高管团队领衔的企业在挂牌当年年底的总资产、营业收入和净利润等方面的表现反而最差。这进一步验证了 IT 行业侧重于技术应用的基本事实，在这种情况下，行业外经验可能会更加重要。

表 4-7　新三板 IT 企业高管团队先前工作经验相关度分组与企业业绩差异

业绩指标		内行型	内外行组合型	外行型
总资产	平均值	3.68↓	3.73	3.77↑
	标准差	0.47	0.51	0.50
营业收入	平均值	3.57↓	3.64	3.67↑
	标准差	0.51	0.61	0.59
净利润	平均值	2.10↓	2.12	2.25↑
	标准差	1.28	1.26	1.18
总资产增长率	平均值	0.13	0.13	0.12
	标准差	0.27	0.26	0.24
营业收入增长率	平均值	0.10↓	0.10	0.16↑
	标准差	0.29	0.27	0.43
净利润增长率	平均值	2.09	2.08	2.09
	标准差	0.18	0.08	0.04

注：标注箭头的表明两两配对的方差检验在统计上存在显著差异，其中，上箭头表示最大值，下箭头表示最小值

第二，高管团队先前工作经验相关度结构对于企业经营战略产生了重要影响。不同组在企业产品或服务创新性（$F=8.323$，$p=0.000$）和专利数量（$F=2.637$，$p=0.072$）平均值的分布方面存在显著性差异，但在著作权数量均值方面不存在显著性差异。

内行型高管团队领衔企业专利数量平均值为 3.72，产品或服务创新性平均值最高为 54.37。这表明，这一组企业重视软件等技术平台资源的开发，并善于将技术转化为创新性的产品或服务。外行型高管团队领衔企业专利数量平均值为 6.10，

排名第一，产品或服务创新性平均值为 46.48，排名最低。这表明，这一组企业最重视软件等技术平台资源的开发，但在将技术转化为创新性产品或服务方面仍有欠缺。内外行组合型高管团队领衔企业的专利数量平均值最低，为 2.76，但产品或服务创新性却远远高于外行型高管团队领衔企业（图 4-14）。这表明，在经营思路上，内外行组合型企业高管团队领衔企业处于骑墙阶段。这一发现进一步验证了基于董事会层面的分析结果。在 IT 等行业领域，行业内经验可能有助于促进产品或服务创新，更善于利用有限的技术资源来谋求产品或服务优势，但可能存在着过分拘泥于产品或服务创新但忽视市场应用前景的不足；行业外经验可能有助于带来软件和信息技术应用的市场场景，但在技术方面存在着劣势，可能会导致产品或服务创新性能力不足。

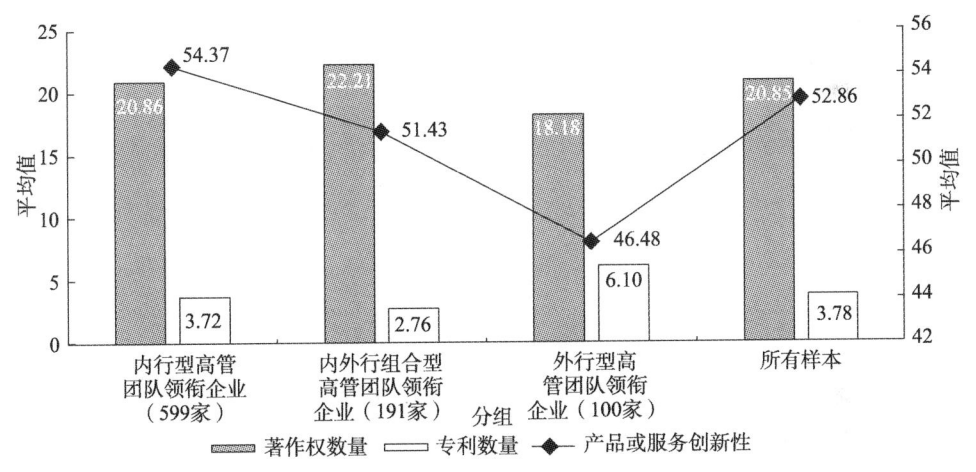

图 4-14 新三板 IT 企业高管团队相关经验深度分组与
著作权数量、专利数量和产品或服务创新性差异

4.5.3 高管团队先前工作经验来源及其对企业经营和业绩的影响

在高管团队层面，尽管国有和私营企业是高管人员的主要来源，远远高于外资企业，但来自合资企业的高管人员数量最多，这与董事会成员的来源有着很大差异。图 4-15 显示，在 940 家新三板 IT 企业涉及的 3442 位高管成员中，有 1298 位（占比 37.7%）高管人员有过私营企业的工作经历；有 1870 位（占比 54.3%）高管人员有过合资企业的工作经历；有 895 位（占比 26.0%）高管人员有过国有企业的工作经历；641 位（占比 18.6%）高管人员有过党政机关或事业单位的工作经历；仅有 263 位（占比 7.6%）高管人员有过外资企业的工作经历。高管团队先前工作经验来源相较董事会成员的差异，非常值得关注，有可能会产生不一样的影响作用。

从高管团队先前工作单位类型多样性指数看,940家新三板IT企业高管团队先前工作单位类型多样性指数平均值为1.88。采用二阶聚类法分析,将940家企业划分为了三类:一是高度多样性高管团队领衔企业,这类企业高管团队先前工作单位类型多样性很高,彼此之间先前工作单位类型相似度低、互补性强,共238家,占比25.3%;二是适度多样性高管团队领衔企业,这类企业高管团队先前工作单位类型多样性居中,共计517家,占比55.0%;三是低多样性高管团队领衔企业,这类企业董事会先前工作单位类型多样性很低,彼此之间先前工作单位类型几乎相似,共计185家,占比19.7%,见表4-8。

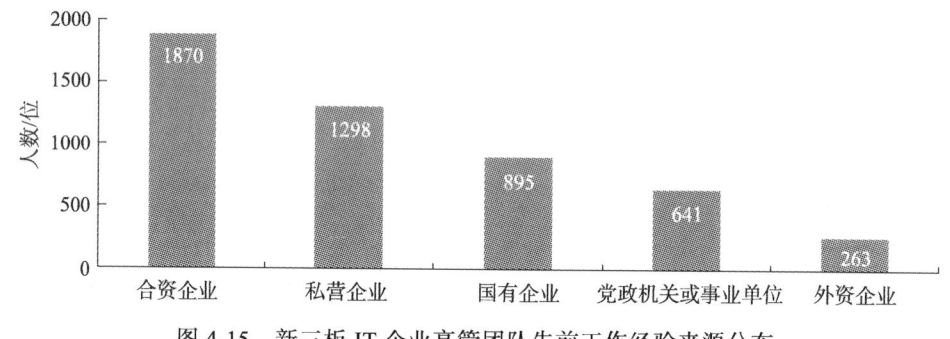

图4-15 新三板IT企业高管团队先前工作经验来源分布

表4-8 新三板IT企业董事会高管团队先前工作经验来源分组的基本特征

分类	基本特征
低多样性	高管团队成员先前工作单位类型集中于私营企业或合资企业
适度多样性	高管团队成员先前工作单位类型为3,私营企业或合资企业占据主导
高度多样性	高管团队成员先前工作单位类型大于或等于4,且不存在主导类型

第一,不同于董事会层面的先前工作经验来源异质性,高管团队先前工作经验来源异质性对于企业业绩有着重要影响。不同组间企业在挂牌当年年底的总资产($F=8.800$,$p=0.000$)和营业收入($F=5.136$,$p=0.006$)平均值方面存在着显著性差异,在净利润方面的差异不显著,但对于盈利企业而言,不同组间的净利润($F=4.385$,$p=0.013$)存在着显著性差异,见表4-9。并没有发现不同组间在挂牌当年年底的总资产、营业收入和净利润增长率均值方面存在显著性差异的证据。

表4-9 新三板IT企业高管团队工作经验来源分组与企业业绩差异

业绩指标		高度多样性	适度多样性	低多样性
总资产	平均值	3.81↑	3.70	3.62↓
	标准差	0.51	0.49	0.43
营业收入	平均值	3.70↑	3.58	3.55↓
	标准差	0.57	0.55	0.52

续表

业绩指标		高度多样性	适度多样性	低多样性
净利润（所有企业）	平均值	2.26↑	2.12	2.04↓
	标准差	1.29	1.25	1.28
净利润（盈利企业）	平均值	2.86↑	2.69↓	2.73
	标准差	0.61	0.66	0.53
总资产增长率	平均值	0.13	0.12	0.12
	标准差	0.30	0.30	0.28
营业收入增长率	平均值	0.10	0.11	0.11
	标准差	0.34	0.34	0.31
净利润增长率	平均值	2.10	2.08	2.09
	标准差	0.09	0.19	0.04

注：标注箭头的表明两两配对的方差检验在统计上存在显著差异，其中，上箭头表示最大值，下箭头表示最小值

从结果上看，高管团队先前工作经验来源高度多样性有助于改善绩效，特别是相对低多样性高管团队形成了突出的绩效优势。董事会层面的先前工作经验来源不发生作用而高管团队发生作用，可能的原因至少包括：一是董事会层面与高管团队层面先前工作经验来源异质性存在性质差异，在董事会层面主导的差异来源是私营企业和国有企业；高管团队层面主导差异来源是私营企业和合资企业，有理由相信，私营企业与合资企业之间的差异显然会比私营企业和国有企业方面的差异来得大，知识互补性会更加突出。二是董事会与高管团队决策职能的差异，与董事会相比较，高管团队之间的互动和决策更加频繁，也有理由相信，在推动企业日常经营管理方面，合资企业与私营企业的主导差异会更加有优势，因此高管团队层面的高度多样性产生的知识互补就发挥了重要作用，有利于企业绩效。因此，我们有理由相信，在高管层面鼓励先前经验来源多样性更有助于改善企业业绩。

第二，与董事会相比较，高管团队先前工作经验来源结构对于企业经营战略产生了更加重要的影响。不同组企业在产品或服务创新性（$F=10.841, p=0.000$）、著作权数量（$F=3.838, p=0.022$）和专利数量（$F=3.677, p=0.026$）均值分布方面存在显著性差异，见图4-16。先前工作经验来源结构高度多样性的高管团队在产品或服务创新性、著作权数量和专利数量等方面的表现均最好；先前工作经验来源低多样性的高管团队在产品或服务创新性和著作权数量方面表现最差。

在企业经营方面，高度多样性高管团队领衔企业仍然展现出了明显的优势，重视专利和著作权的开发，同时更善于将技术转化为产品或服务创新优势；低多样性高管团队领衔企业在这方面则表现出了战略上的劣势，在著作权和专利方面开发不足，产品或服务创新性水平也最低。

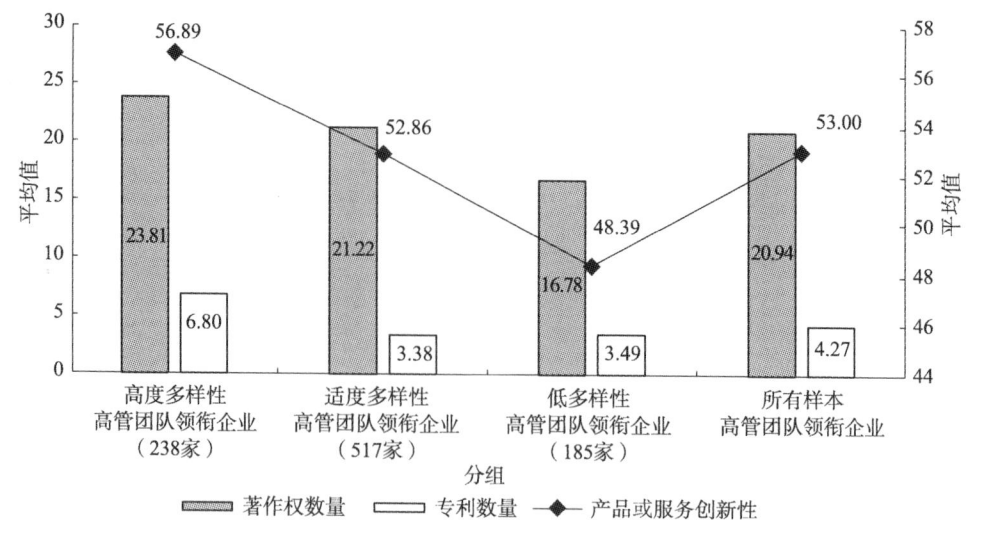

图 4-16 新三板 IT 企业高管团队工作经验来源分组与产品或
服务创新性、著作权数量、专利数量等差异

4.6 高管团队其他结构特征及其对企业经营和业绩的影响

与董事会相一致，主要分析新三板 IT 企业高管团队的海归结构与创业元老结构对于企业经营和业绩的影响。

4.6.1 高管团队海外背景结构及其对企业经营和业绩的影响

在 955 家新三板 IT 企业的 3503 位高管团队成员中，总共有 185 位高管人员具有海外经历，占比 5.28%，这 185 位海归高管分布在 150 家企业中，平均每家企业的海归高管数量为 1.23 位。具体而言，仅有 15.71%的新三板 IT 企业有海归高管，其中，121 家企业（占比 12.67%）高管团队中有 1 位海归高管；29 家企业（占比 3.04%）高管团队中有 2 位及以上的海归高管。从总体上看，与董事会相比较，新三板 IT 企业高管团队中的海归高管无论是总量还是占比都更低，同时，高管团队中有海归的企业数量也明显低于董事会中有海归的企业数量。

第一，与董事会不同的是，海归高管对企业绩效的影响更加复杂。有海归高管的企业在挂牌当年的净利润平均值（$F=8.096$，$p=0.005$）和净利润增长率（$F=4.980$，$p=0.026$）平均值显著低于无海归企业，有海归企业在挂牌当年的总资产和营业收入平均值都高于无海归企业，同时总资产差异具有统计上的显著性（$F=4.438$，$p=0.035$），见表 4-10。

表 4-10 新三板 IT 企业高管团队海归数量分组与企业业绩差异

业绩指标		无海归	有海归
总资产	平均值	3.70↓	3.79↑
	标准差	0.49	0.49
营业收入	平均值	3.60↓	3.65↑
	标准差	0.54	0.59
净利润	平均值	2.20↑	1.88↓
	标准差	1.22	1.46
净利润增长率	平均值	2.09↑	2.06↓
	标准差	0.07	0.34

注：标注箭头的表明两两配对的方差检验在统计上存在显著差异，其中，上箭头表示最大值，下箭头表示最小值

第二，有海归的高管团队在企业战略方面具有更强的长期导向。不同组间在专利数量（$F=5.834$，$p=0.016$）方面存在显著性差异，有海归高管团队领衔企业的专利数量显著高于无海归高管团队，见图 4-17。更为重要的是，尽管不存在显著性差异，有海归高管团队领衔企业的产品或服务创新性高于无海归高管团队领衔企业。

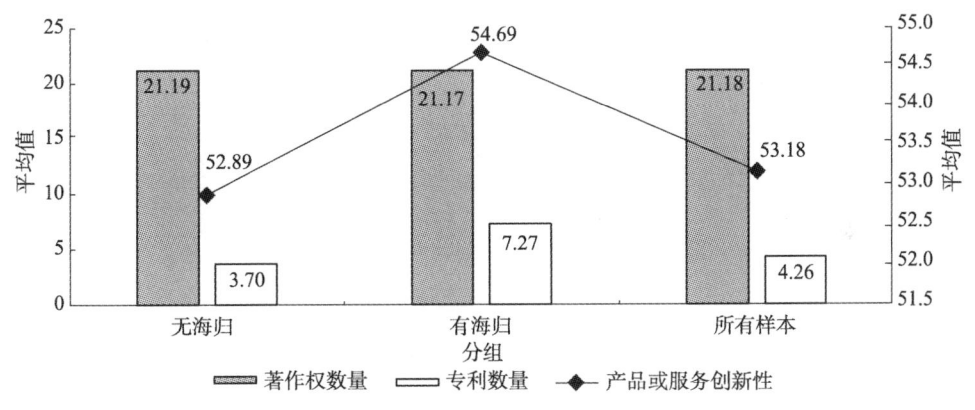

图 4-17 新三板 IT 企业高管团队海归数量分组与产品或
服务创新性、著作权数量、专利数量差异

有趣的是，尽管在经营战略方面与董事会层面的分析结果相一致，但在企业业绩方面，高管团队层面的分析在结果上与董事会层面形成了对立，与有海归董事会的劣势相比较，有海归高管团队似乎更具有突出的优势。这一点非常值得关注。

4.6.2 高管团队中创业元老比重及其对企业经营和业绩的影响

创业元老在高管团队中任职非常普遍。在 955 家企业的 3503 位高管中，有 1235 位高管是创业元老，占比 35.3%。具体而言，在 955 家企业中，229 家企业（占比 24.0%）高管团队中无创业元老，379 家企业（占比 39.7%）高管团队中有

1位创业元老，347家企业（占比36.3%）高管团队中有2位及以上创业元老，见图4-18。

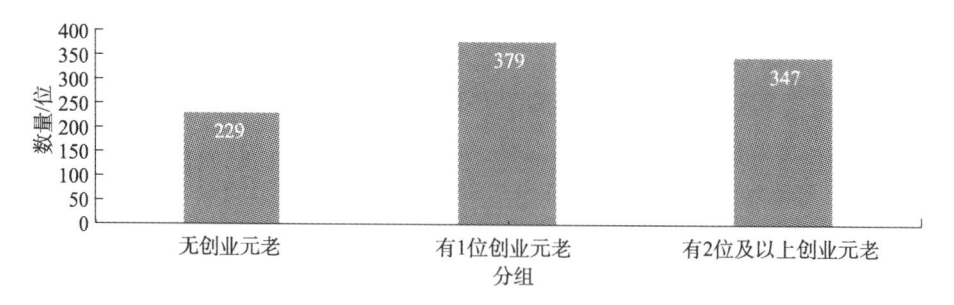

图4-18 新三板IT企业高管团队中创业元老状况分布

第一，创业元老在高管团队中的数量弱势可能会对企业业绩产生负面作用，创业元老缺失或创业元老主导的高管团队业绩表现更好。表4-11显示，不同组在挂牌当年年底总资产（$F=2.436$，$p=0.088$）和营业收入（$F=3.122$，$p=0.045$）方面存在显著性差异，在挂牌当年年底的净利润不存在显著性差异，但针对盈利企业而言，不同组之间的净利润差异显著（$F=4.996$，$p=0.007$）。但没有发现不同组间在总资产增长率、营业收入增长率以及净利润增长率方面存在显著性差异。

表4-11 新三板IT企业高管团队创业元老分组与企业业绩差异

业绩指标		无创业元老	有1位创业元老	有2位及以上创业元老
总资产	平均值	3.76↑	3.68↓	3.73
	标准差	0.47	0.48	0.51
营业收入	平均值	3.67↑	3.56↓	3.62
	标准差	0.56	0.52	0.57
净利润（所有企业）	平均值	2.07↓	2.12	2.23↑
	标准差	1.28	1.24	1.28
净利润（盈利企业）	平均值	2.71	2.68↓	2.75↑
	标准差	0.64	0.66	0.63

注：标注箭头的表明两两配对的方差检验在统计上存在显著差异，其中，上箭头表示最大值，下箭头表示最小值

结果显示，与创业元老在高管团队中的数量劣势相比较，创业元老主导或缺失的高管团队业绩表现更好。这在很大程度上可以归结为高管团队成员之间的心理所有权冲突，创业元老与非创业元老之间的差异在于对于所经营企业的主人翁精神不同，创业元老存在数量劣势的情况，可能有助于加剧高管之间的冲突，而数量强势的情况，有可能会对非创业元老高管起到引领作用。

值得一提的是，高管团队中创业元老数量结构对业绩的影响仍然不同于董事会，在这里，更重要的是董事会和高管团队的团队规模差异，在董事会结构体系

下，有 2 位及以上创业元老仍然处于劣势，在作用机制和逻辑上并没有发生变化。

第二，高管团队的创业元老结构对企业经营有着复杂的影响，见图 4-19。不同组间在专利数量（$F=3.871$，$p=0.021$）和著作权数量（$F=2.763$，$p=0.064$）方面存在显著性差异，无创业元老高管团队领衔企业的著作权数量和专利数量平均值最高，有 1 位创业元高管团队会领衔企业的著作权和专利数量平均值最低。尽管不存在显著性差异，在产品或服务创新性方面，有 2 位及以上创业元老高管团队领衔企业的产品或服务创新性最高，而有 1 位创业元老的高管团队领衔企业的产品或服务创新性最低。

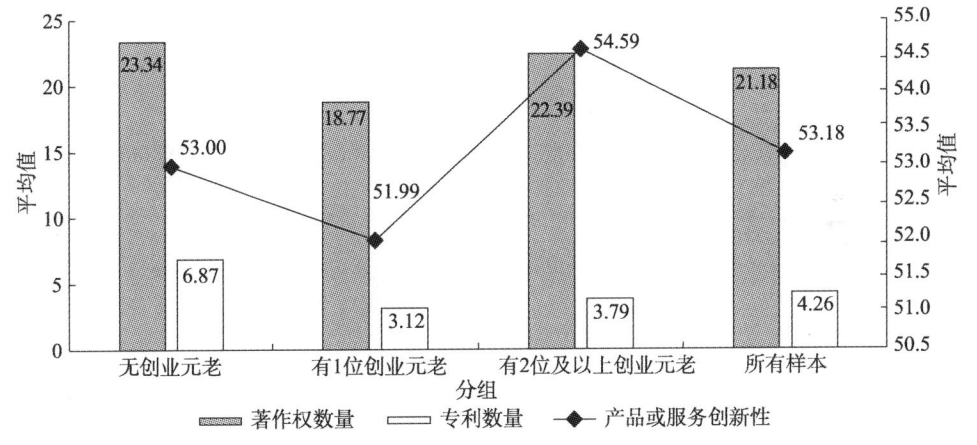

图 4-19 新三板 IT 企业高管团队创业元老数量分组与产品或
服务创新性、著作权数量、专利数量差异

这一结果再一次验证了创业元老与非创业元老心理所有权差异所导致的企业经营战略差异，在创业元老数量劣势的情况下，企业可能在战略上出现保守、骑墙和短期导向；在创业元老主导或缺失的情况下，企业更可能在战略上具有长期导向。

第 5 章

新三板 IT 企业商业模式创新表现、驱动因素与业绩影响

为什么企业之间特别是产品或服务相似的企业之间的业绩表现会差异巨大？这是战略研究关注的基本问题，也是实践中企业家最为关注的问题。关于这个问题，已经有不少现成的答案，从战略上看至少包括企业定位（市场或产品）、环境变动（有利或敌对）、竞争策略（各层面应对竞争者的行动）等。在互联网和信息技术广泛应用的今天，关于这个问题，也许有更加深刻的因素值得关注，也就是商业模式和商业模式创新，因为企业之间的竞争不再局限于产品或服务，而是转向商业模式层次的竞争。新三板 IT 企业的商业模式创新表现、驱动因素和业绩影响就是我们关心的第二个重要问题。

5.1 有关商业模式与商业模式创新的重要观点

商业模式是企业创造并获取价值的基础架构，这一基础架构可以简单描述为企业与外部利益相关者之间的交易结构。商业模式创新则意味着企业创造并获取价值的基础架构相较行业其他企业的系统性而非局部性差异化，一旦企业的商业模式创新成功，就会打破行业规则而形成更强劲的竞争优势效应，甚至是颠覆性竞争优势效应。

5.1.1 商业模式思维比战略思维更具有挑战性

在实践中的企业家，有必要了解商业模式思维和战略思维的差异。在这里，做一个简单的比喻，商业模式好比是房屋的户型，在根本上决定了房屋的空间感和居住舒适度，而战略好比是房屋的装修，在既定户型基础上基于不同的目标和方向做出行为选择，但难以克服房屋的户型所带来的局限性。换句话说，我们都认可战略思维意味着通观全局、站高判远，这里的"全局"和"高远"的基本范

畴是行业，基本出发点是企业，是站在企业的立场审视行业的"全局"和"高远"，其中最典型的是哈佛大学商学院迈克尔·波特教授的战略思想，这已经被大多数企业家熟知。相比于战略思维，商业模式思维的系统性和全局性更高，意味着站在"企业与外部利益相关者所构成的基础架构"立场上来通观全局、站高判远，这里的"全局"和"高远"已经远远超出了企业所在行业范畴，谋求的不单是企业行动差异化（如产品—市场组合），而是企业所嵌入价值创造体系的差异化，自然会给企业家带来更加严峻的思维挑战。但是，目前并没有很好的分析理论和工具来引导企业家的商业模式思维。

在实践中的企业家，更有必要了解商业模式思维并非伴随互联网和信息技术普及而生的新事物，只不过是在信息时代来临之前，基于商业模式思维而成功的企业更加稀缺且非连续，尽管商业模式思维得到了一些关注但并没有引起足够重视。不妨回忆一下，以麦当劳为代表的快餐业、以福特为代表的汽车制造业（丰田的精益生产本质上是对福特制的优化）、以西尔斯·罗巴克为代表的百货业、以沃尔玛为代表的大型仓储超市、以 7-Eleven 为代表的便利超市等，这些都是基于商业模式思维而诞生的典型企业，这些企业的贡献已经远远超出了自身的盈利，后续不少制造行业都在参考着汽车制造业的基础架构去定义各自的商业模式。

5.1.2 商业模式创新的双元战略方向

在实践中的企业家已经意识到了基于商业模式思维而成功的企业因互联网和信息技术的普及而更加常见，商业模式思维会因此变得更加重要，但还有必要了解现在乃至未来商业模式思维的新内涵。针对互联网和信息技术普及为何以及如何促进甚至强化企业商业模式创新，已经涌现出了不少认识和判断，核心是降低连接成本、扩大连接边界、丰富连接内容、高容量低边际成本……，在此不一一赘述。在这里要强调的是，实践中不少企业家将互联网或信息技术嵌入视为变革商业模式挑战既有行业格局的重要手段，这并没有错误，但如果用手段来替代目标，就是一种浮躁而非理性的做法了。共享单车、团购等都是生动的实例。站在互联网和信息技术必将更加广泛应用的立场上看，商业模式创新至少包括双元战略方向，这两个战略方向构成了商业模式思维的基本模型和框架。先来看两个小案例[①]。

第一个案例是瑞安航空公司（Ryanair），一家被《经济学家》杂志称为"世界上最能赚钱的航空公司"，《华尔街日报》则称瑞安航空公司的股票为"世界上最

---

① 在这里并没有展现新兴互联网公司的例子，而是列举了今天来看属于传统行业的"传统公司"，分别是爱尔兰的瑞安航空公司和戴尔（Dell）公司。以这两家公司为例的目的是隐喻，隐喻"互联网+"到商业模式创新，关键不在于互联网，而在于商业模式创新的战略方向。对爱尔兰瑞安航空公司感兴趣的朋友，可以登录其官方网站（https://www.ryanair.com/cn/zh）了解更多信息。

热门的航空公司股票之一"。瑞安航空公司是一家廉价航空公司，曾师从美国西南航空公司，但又超越了美国西南航空公司。美国西南航空公司的低成本是战略性的，借助规模经济和目标市场聚焦战略来大幅度降低运营成本，可以说是迈克尔·波特教授战略理论中彻底的成本领先者，在航空公司存在已久的创造和获取价值的基础架构体系下，美国西南航空公司的成本要素与其他航空公司并无显著差异，但利用规模经济将公司成本降到了极致。与之不同的是，瑞安航空公司则在改变航空公司创造和获取价值的基础架构，这一改变不仅从瑞安航空公司的成本要素来降低运营成本，而且从根本上降低了瑞安航空公司与其外部利益相关者之间交易系统的整体性成本。换句话说，瑞安航空公司遵循完全不一样的逻辑在创造与其他航空公司相似的价值（为旅客提供飞行旅行服务），其获取价值的途径（盈利模式）也因此在根本上不同于其他航空公司。比如，与其他航空公司和机场博弈不同，瑞安航空公司与机场之间形成了互补，甚至让机场反过来依附于瑞安航空公司。对于瑞安航空公司而言，互联网应用毫无疑问成为其商业模式优势的助推器，因为借助互联网平台更有助于其降低与顾客等外部利益相关者互动的成本，但其成本优势并不依赖于互联网，而来自其对航空公司与外部利益相关者交易结构的重新设计。到目前，全球廉价航空公司不少，但没有一家能彻底模仿瑞安航空公司的商业模式，有不少模仿美国西南航空公司的战略。

第二个案例是戴尔公司，一家连续多年被《财富》杂志评选为"最受仰慕的公司"，一家让IBM公司被迫出售其个人计算机业务的公司。戴尔公司创立于1984年，这恰逢个人计算机行业的起步阶段，但在相当长的一段时间内，戴尔公司都是悄无声息的边缘玩家，惠普、IBM、康柏、宏碁等注重设计、品牌和规模效益的公司是个人计算机行业的主流，直到20世纪90年代中期，戴尔公司异军突起，如火箭般的增长速度使它跻身全球五大计算机制造商之列。戴尔公司的秘诀在于变革个人计算机行业的商业模式，但其变革路径却不同于瑞安航空公司。戴尔公司提出了新的价值主张（以更低的价格选择任何你想要的电脑），基于此价值主张，将直销商业模式引入个人计算机行业，支撑这一模式的是多渠道的顾客连接互动（主要是网站销售）、与供应商之间的锁定效应以及戴尔公司致力于发展的数据处理和供应链管理能力。

基于上述两个案例，拥抱互联网和信息技术，商业模式创新的双元战略方向分别是：第一，侧重于效率维度，类似于瑞安航空公司，在不改变或者说不在根本上改变行业内产品或服务价值主张的情况下，优化企业与外部利益相关者交易结构，降低交易结构的系统性成本，从而塑造企业相较于行业内其他企业的成本领先，打破的是行业的成本结构规则，形成商业模式创新的竞争优势效应。第二，侧重于新颖维度，类似于戴尔公司，从创新行业内产品或服务的价值主张入手，改变企业与外部利益相关者的交易结构，面向顾客以新的手段创造新的价值，从而塑造企业相较于行业内其他企业的价值领先,打破的是行业的价值内容规则,形成商业模式创新的竞争优势效应。

效率和新颖是商业模式创新的双元战略方向,也是商业模式思维在"企业与外部利益相关者交易结构"立场上通观全局、站高判远的突破点,甚至是企业间凭借商业模式产生业绩差异的根本原因。更为重要的是,谋求新颖可能会比提升效率方向更加奏效。新颖首先意味着价值主张变革,这种变革在产品或服务价值层面往往表现为跨界价值,不搭边儿的外来者跨界竞争,往往引入的是业内玩家没有想到或者想到未能做到的新价值,因为新价值创造而诱发新的价值创造方式,形成与业内玩家不同的系统性架构[如苹果手机与 GSM(global system for mobile communications,全球移动通信系统)手机]。更为重要的是,这种变革在高容量产品或服务价值层面就表现为平台价值,表面上看平台价值在于参与者类型多样性且规模大,但其本质上是在面向更多元的市场创造更多元的价值,形成更加多元的价值创造方式,形成与多个行业内玩家不同的系统性架构(如腾讯和优步),一位腾讯公司管理者曾感叹,腾讯面临的最大问题就是谁也不知道这家公司到底有多大!

必须要指出的是,效率和新颖是商业模式创新的双元战略方向,是企业家商业模式思维中的可以并存甚至相交的十字线,并不是在同一起点相背而驰的战略选择。这是商业模式思维与战略思维的本质差别之一。长期以来,战略意味着选择,选择意味着权衡的观点深入人心,其背后的假设是骑墙战略选择会给企业带来恶果(如在追求低成本与差异化之间游离)。但商业模式思维与之完全不同,尽管效率和新颖是从不同角度去变革"企业与外部利益相关者交易结构",效率和新颖之间具有独立性,但并不意味着效率和新颖之间是非此即彼、相互排斥的战略方向。也就是说,尽管大多数企业往往是选择沿着某一个战略方向前行,但并不意味着这两个方向不能兼容。特别是在时间维度上,大多数以效率入手的商业模式创新逐渐转向在新颖角度做文章;大多数以新颖入手的商业模式创新往往也会兼顾效率,因为在不具备成本优势的前提下创新更多地意味着风险。事实上,不少成功的新商业模式特别是颠覆性商业模式往往同时兼具效率创新和新颖创新(如今日头条的新闻或信息推送效率以及个性化新闻价值)。

5.2 商业模式创新的基本态势

因为处于技术和行业前沿,IT 领域是新商业模式涌现更为集中的行业领域。这一部分主要从 955 家新三板 IT 企业的效率和新颖方面来考察其商业模式创新水平。整体来看,在 955 家企业中,商业模式创新的效率维度平均值为 0.42,最小值为 0.12,最大值为 0.94;商业模式创新的新颖维度平均值为 0.37,最小值为 0.02,

最大值为0.85。与美国互联网与信息技术行业内的相关企业相比（Zott and Amit, 2007, 2008）[①]，共同点在于新颖维度的平均值低于效率维度，不同点在于在效率维度与美国企业存在着较大差距，但新颖维度的平均值并不比美国低。

5.2.1 商业模式创新的拐点效应

基于商业模式在不同维度的创新表现，可以将955家新三板IT企业划分为三类：一是高度创新（效率维度得分等于或大于0.50，新颖维度得分等于或大于0.50），这类企业在商业模式方面做出了重要创新，或者是效率大幅度提升，或者是具有很强的新颖性；二是适度创新（效率维度得分介于0.25~0.50，新颖维度得分介于0.25~0.50），这类企业在商业模式方面做出了一些创新，但创新程度很弱，无论是效率还是新颖，都与行业内其他企业相比没有显著性差异；三是没有创新[效率维度得分介于0~0.25（含），新颖维度得分介于0~0.25（含）]，这类企业在商业模式方面几乎算不上创新，无论是效率还是新颖，都与行业内其他企业相比没有差异，见图5-1。

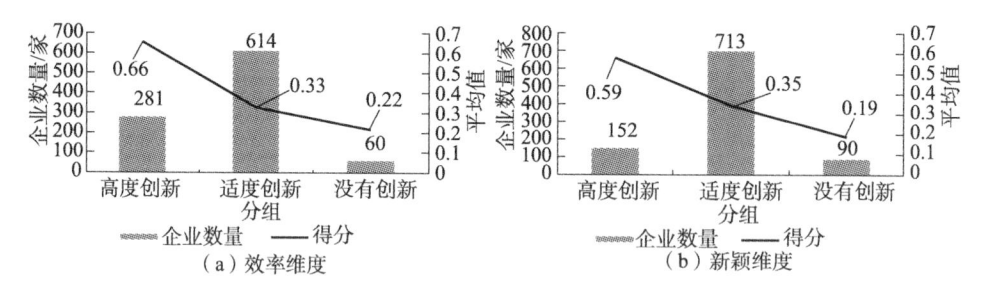

图5-1 新三板IT企业商业模式创新程度分组状况

在效率维度方面，高度创新组企业数量是281家，占比29.4%，创新水平的平均值是0.66；适度创新组企业数量是614家，占比64.3%，创新水平的平均值是0.33；没有创新组企业数量是60家，占比6.3%，创新水平的平均值是0.22。在新颖维度方面，高度创新组企业数量是152家，占比15.9%，创新水平的平均值是0.59；适度创新组企业数量是713家，占比74.7%，创新水平的平均值是0.35；没有创新组企业数量是90家，占比9.4%，创新水平的平均值是0.19。

尽管不同创新程度组间的企业在效率维度和新颖维度的平均值方面并没有显著性差异（如效率维度高度创新组的平均值为0.66；新颖维度高度创新组的平均值为0.59），进一步分析发现，不同创新程度组间的企业分布状况存在着重要差异，我们将其概括为商业模式创新的拐点效应。这一效应意味着：商业模式创新可能

[①] 有权威研究评价了美国IT新兴企业的商业模式创新水平，美国效率维度的平均值是0.70（最小值是0.40，最大值是0.92），新颖维度的平均值是0.37（最小值是0.08，最大值是0.80）。

并不存在有比无好的回报，只有在达到一定创新程度后，才会给企业业绩带来超额回报，同时也只有在达到一定创新程度后，创新程度增加才可能会改善企业业绩。更为重要的是，在没有达到一定创新程度时，创新有可能反而成为陷阱，将企业拖入竞争泥潭。

首先，商业模式创新是基于企业与外部利益相关者交易结构的系统性而非局部变动，无论是效率维度还是新颖维度，谋求局部性变动都不是难事，但谋求系统性的变动非常困难。无论是效率维度还是新颖维度，从没有创新到适度创新的局部性改变相对容易，但从适度创新到高度创新的全局性改变则较为困难。具体而言，无论是效率还是新颖维度，突破得分为 0.25 的没有创新拐点后，随着创新程度得分增加，企业数量急速上升后又开始急速下降，到临近 0.5 的高度创新拐点时，企业数量下滑到了最低点。但一旦突破 0.5 的高度创新拐点，企业数量又会出现相对稳定的增长。更加重要的是，在效率维度和新颖维度的高度创新区间，不同创新程度的企业数量分布趋势一致且紧凑，也就是说，在商业模式创新的高端俱乐部，相似性大于差异性，而在效率和新颖维度的适度创新区间，不同创新程度的企业数量分布更加零散，企业商业模式之间的差异性大于相似性。

根据这一事实，对于商业模式创新而言，无论是效率维度还是新颖维度，与没有创新的企业比较，适度创新区间的企业可能会面临着双重竞争压力，第一重是高度创新企业带来的竞争压力；第二重是来自适度创新区间内企业之间的竞争压力。进一步判断，与战略层面创新相比较，商业模式创新的不确定性更强，高收益和高风险并存，其高收益表现为实现高度创新后塑造商业模式优势带来的超额租金；高风险表现为实现商业模式全局性创新的高度不确定性。换句话说，商业模式创新更强调要么追求效率，要么追求新颖，更不容许二者兼顾。

其次，在互联网和信息技术的高嵌入条件下，与效率维度的商业模式创新相比较，谋求新颖维度的商业模式创新更加困难。第一，从数量分布上看，效率维度的高度创新企业数量大于新颖维度的高度创新企业数量（281∶152），而效率维度的没有创新的企业数量小于新颖维度的没有创新的企业数量（60∶90）。第二，效率维度不同创新程度组间企业之间的差异程度明显小于新颖维度。总体上看，在新颖维度，企业商业模式创新程度得分更加零散；在效率维度，企业商业模式创新程度得分相对更加集聚；在不同创新程度区间，特别是高度创新区间，新颖维度不同创新程度的企业数量分布差异更加明显，而效率维度则相对更容易集聚，企业数量之间的差异更小。

这意味着相比较而言，企业更容易在商业模式的多个方面同时谋求效率提升，而要谋求新颖则更加困难，一旦实现全局性创新，新颖维度创新带来的差异性优势显然要比效率维度更高。更为重要的是，与效率维度相比较，新颖维度内适度创新企业面临的双重竞争压力更大，主要原因是在效率维度可以发现适度创新区间企业商业模式创新程度出现了不同层次的聚集效应，层次聚集在一定程度上可以缓解区间内商业模式创新程度相对高的企业的竞争压力，而在新颖维度，在适度创新区间内，并没有发现企业出现基于得分高低的层次聚集效应，这意味着在区间内商业模式创新程度相对高的企业不会比区间内商业模式创新程度相对低的企业表现出多大的竞争优势。

5.2.2 商业模式创新的行业和地区差异

955家新三板IT企业商业模式创新程度存在着行业差异，见表5-1。从总体来看，互联网和相关服务行业内企业商业模式的效率维度（$F=252.483$，$p=0.000$）和新颖维度（$F=10.966$，$p=0.001$）创新得分平均值高于软件和信息技术服务业，并且这一差异存在着统计上的显著性。这一结果自然并不让人感到意外，与软件和信息技术服务业相比较，互联网和相关服务行业借助互联网平台更容易实现企业与外部利益相关者的交易效率提升，也更容易实现跨界的价值内容创新。进一步分析发现，技术可以推动商业模式创新，但商业模式创新并非完全取决于技术应用，至少在不同创新维度表现出了技术影响商业模式创新的边界条件。具体而言，在商业模式创新的效率维度方面，不同创新水平之间存在着行业差异：在高度创新组（$F=14.616$，$p=0.000$）和适度创新组（$F=4.194$，$p=0.041$），互联网和相关服务行业内企业的创新程度平均值显著性地高于软件和信息技术服务业；在商业模式创新的新颖维度方面，高度创新组、适度创新组、没有创新组等三个组内企业的商业模式创新程度平均得分的行业比较不存在显著性差异。这一结果表明，商业模式创新的效率维度和新颖维度之间存在着重要差异，特别是在IT行业领域，商业模式创新的效率维度可能更大程度上得益于以互联网为代表的技术平台，但商业模式创新的新颖维度似乎并不会受制于技术平台，换言之，互联网等技术平台应用并不必然导致商业模式在新颖维度的创新。

表 5-1　新三板 IT 企业商业模式创新程度的行业差异

组别		效率维度		新颖维度	
		互联网和相关服务	软件和信息技术服务业	互联网和相关服务	软件和信息技术服务业
所有企业	平均值	0.56↑	0.38↓	0.39↑	0.36↓
	标准差	0.18	0.14	0.14	0.11
高度创新	平均值	0.68↑	0.63↓	0.60	0.59
	标准差	0.09	0.09	0.06	0.07
适度创新	平均值	0.34↑	0.33↓	0.35	0.35
	标准差	0.06	0.06	0.06	0.05
没有创新	平均值	0.20	0.22	0.20	0.19
	标准差	0.03	0.03	0.06	0.06

注：标注箭头的表明两两配对的方差检验在统计上存在显著差异，其中，上箭头表示最大值，下箭头表示最小值

955家新三板IT企业商业模式创新的效率维度（$F=3.878$，$p=0.002$）和新颖维度（$F=2.105$，$p=0.063$）还存在着地区差异：京津冀地区和山东、长三角地区、珠三角地区和海南以及西部地区是商业模式效率维度创新较高的区域，京津冀地区和山东、长三角地区与珠三角地区和海南构成商业模式新颖维度创新较高的区域，见表5-2。从商业模式创新的效率维度来看，地区间差异集中体现为东北地区和中部地区，东北地区和中部地区在商业模式创新的效率维度平均值较低，同时这两个地区之间不存在显著性差异。这一结果与我国经济社会发展的地区差异基本一致，京津冀地区和山东、长三角地区、珠三角地区和海南、西部地区，目前来看是互联网等新兴行业更加集中和发达的地区。但特别值得关注的是，从资源禀赋来看，上述四个地区存在着显著性差异，那么，为什么在资源基础更好的地区内企业商业模式创新的效率维度反而并不能因此而更加突出呢？

表5-2 新三板IT企业商业模式创新程度的地区差异

地区	效率维度 平均值	效率维度 标准差	新颖维度 平均值	新颖维度 标准差
东北地区	0.33	0.12	0.35	0.14
京津冀地区和山东	0.41	0.17	0.38	0.12
长三角地区	0.44	0.18	0.37	0.12
珠三角地区和海南	0.44	0.18	0.38	0.11
西部地区	0.42	0.16	0.36	0.12
中部地区	0.37	0.14	0.34	0.10

在商业模式创新的新颖维度，京津冀地区和山东、长三角地区、珠三角地区和海南构成了商业模式新颖维度创新较高的区域，而东北地区、西部地区和中部地区则构成了商业模式新颖维度创新较低的区域。特别是，中部地区的企业在商业模式新颖维度的创新得分平均值显著性地低于京津冀地区和山东、长三角地区及珠三角地区和海南，但东北地区和西部地区与这三个地区之间不存在显著性差异。这一结果再次验证了商业模式创新的效率维度和新颖维度的差异，这一差异不仅表现为效率维度和新颖维度创新的难易程度，而且更有可能表现为两者之间的驱动因素存在着重要差异。

5.3 商业模式创新的驱动因素

企业领导班子是企业商业模式创新的决策者，对于这一观点，大多数人都不会反对。但是，领导班子在商业模式创新中究竟发挥了什么作用，目前来看几乎没有任何研究或报告能提供有价值的证据、线索或者观点。特别是在商业模式创新存在着拐点效应的前提下，这一问题显得更加重要。这一问题可以细分为两个阶段性问题：一个是是否创新商业模式；另一个是商业模式的创新程度有多大。

前者是方向性决策，而后者是方案性决策。那么，本节试图关注的问题是：是否有些因素会导致企业领导班子在商业模式创新决策上更加保守（没有创新）？是否有些因素会诱发企业领导班子在商业模式创新决策上大胆但行动迟缓（适度创新）？哪些因素更加有助于企业领导班子在商业模式创新决策上大胆且行动超前（高度创新）？

具体而言，我们主要基于这样的假设来展开分析：大多数新商业模式或创新性商业模式并不是企业领导班子在脑海中一蹴而就的，而是来自实践中一系列新信息、新变化、新趋势等诱发的一系列决策行动的结果。无论是有心还是无意，基于商业模式创新的系统性和全局性，新商业模式主要来自领导班子针对若干决策议题做出决断后的行动塑造，这些议题可能散布于一定的时间区间，甚至持续相当长的时间[①]。

多样化决策难以在事前判断其内在关联，加之持续时间相当长，对于企业领导班子而言，决策挑战不小。从决策流程来看，高管团队往往负责提出并制定决策议案，并将其提交董事会讨论决策，由董事会做出裁定和决断；董事会也可能根据所掌握信息做出决策和决断，但要将其传达给高管团队，进而落实在企业经营管理中。无论是前者还是后者，决策过程本质上是董事成员之间、高管团队成员之间，以及董事会与高管团队之间的互动。在这一互动过程中，我们认为至少有三个因素会影响到企业领导班子有关商业模式创新的决策行为和效果，进而导致企业是否创新商业模式以及在多大程度上创新商业模式。第一是信息。基于商业模式创新的系统性和整体性，决策信息自然应该具有高度多样性和全面性，信息多样性和全面性越高，越有助于提升其有关商业模式创新的决策有效性，更为重要的是，董事会与高管团队之间的信息共享程度也会影响其决策有效性，在董事会与高管团队的互动过程中，在董事会与高管团队之间信息不充分的条件下，董事会可能会错误地选择或拒绝高管提案。第二是知识。企业领导班子的知识结构和水平（无论是普通知识还是特殊知识）在很大程度上决定了其吸收、消化和解读相关信息进而提出建设性和创新性的商业模式创新方案的能力。第三是风险。创新意味着不确定性，不确定性则意味着损失可能性，特别是对于IT行业企业的商业模式创新，速度至上的竞争逻辑进一步强化了商业模式创新的风险，因为短期内的业绩弱势很可能会让企业一蹶不振。所以，企业领导班子对于风险的态度有可能会影响其商业模式创新决策。

对于商业模式创新决策中的信息问题，我们将其概括为企业领导班子的决策有效性。决策有效性是指企业领导班子做出的决策事后不被验证为偏误决策和后

[①] 有权威研究通过IT行业的典型案例研究，发现创新性商业模式从有想法到成形运作，大约需要4年的时间，在这一期间，创业团队会开展一系列复杂而有趣的战略性决策，而这些决策的发生并不是创业团队在事前就可以预测的，更多的是一种兵来将挡水来土掩的路径结果。

悔做出决策的可能性，这一可能性在很大程度上取决于企业领导班子所获取信息的多样性、全面性和共享性。我们试图从整体层面考察企业领导班子的信息来源：一是企业领导班子的个人化信息，即企业领导班子个人在生活和工作中所获取的个人化信息（如企业董事长或总经理参加行业会议或与熟人交流获取的信息），这种个人化信息并不依赖于企业管理流程，其会因独立于企业体系而产生信息异质性从而变得极其重要，是诱发企业领导班子所掌握信息的多样性的主要因素，企业领导班子所掌握的信息多样性水平主要取决于董事会或高管团队规模，规模越大，基于个人化信息的多样性就越高。二是企业领导班子的规范化信息，即企业领导班子在企业内部自下而上获取的在企业运营过程中产生的规范化信息（如销售与市场分析报告），这种规范化信息依赖于企业管理流程，异质性较低，但因涉及企业运营的各方面，所以信息的全面性变得极其重要，企业领导班子所获取信息的全面性主要取决于其"高管团队—管理人员—企业员工"的管理幅度，在这一链条上的管理幅度越大，企业领导班子越容易获取有关企业运营的全面信息[①]。三是企业领导班子之间的信息不对称程度，董事会和高管团队之间存在着信息不对称，这种信息不对称取决于兼任高管董事在董事会中的占比，兼任高管董事在董事会中的占比越高，董事会和高管团队之间的信息不对称水平越低，董事会和高管团队所掌握的信息越同质，越容易趋于一致达成共识，但并不利于创新。

　　对于商业模式创新决策中的知识问题，我们将其概括为企业领导班子的决策能力。决策能力是个体基于先前素质、知识、视野和能力等因素形成的问题判断、分析和解决能力，经典决策理论强调决策能力取决于决策者的先前知识结构和水平。在商业模式创新情境下，决策能力是企业领导班子分析和解读既有信息来制订更具有前瞻性的商业模式创新方案的能力，本节选择领导班子中高学历比例、海归比例、平均工作年限、平均相关工作年限作为反映领导班子先前知识结构和水平的指标。

　　对于商业模式创新决策中的风险问题，我们将其概括为企业领导班子的风险倾向。企业领导班子的风险倾向越低，就越有可能制约其创新商业模式的意愿和可能性，更为重要的是，企业领导班子风险倾向水平还可能影响其创新商业模式的程度。对于新三板 IT 企业而言，企业领导班子的风险倾向可能取决于董事会与高管团队的持股总和，基于商业模式创新的高度不确定性，董事会或高管团队持

---

① 具体而言，在考虑"高管团队—管理人员—企业员工"组织链条的前提下，主要从以下指标来反映企业领导班子决策信息的全面性：管理人员/高管团队、技术人员/管理人员、销售人员/管理人员、本科以上学历员工/管理人员。其内在逻辑在于：高管团队的决策支持信息来自管理人员，而管理人员的决策支持信息来自企业员工。技术人员、销售人员以及本科以上学历员工反映的是信息属性和质量。技术人员主要反馈技术方面信息；销售人员主要反馈市场和行业信息；本科以上学历员工反映的信息质量会更高。

股总和越高,越可能站在失败损失角度来进行决策,越有可能会产生损失规避的保守决策,不创新商业模式;持股人员占比或持股总和越低,越可能站在成功收益角度来进行决策,越有可能会产生收益追求的激进决策,创新商业模式。下面,我们试图顺着这一思路来探寻企业领导班子影响其商业模式创新程度的证据、线索和观点。

5.3.1 企业领导班子与商业模式效率维度创新

这部分主要关注企业领导班子如何影响商业模式效率维度创新可能性及其程度大小。在分析思路上,采用比较研究思路,分别比较"商业模式没有创新企业与商业模式有创新企业(包括适度创新与高度创新)"以及"商业模式适度创新企业与商业模式高度创新企业"在反映信息、知识和风险倾向等三个机制指标方面的差异程度,在差异比较中找寻共性规律。

第一,为什么有的 IT 企业选择不创新商业模式?尽管在 955 家企业中,商业模式效率维度没有创新的企业比例很小(效率维度没有创新的企业为 60 家),但正因为数量小才更值得关注。为什么在行业内绝大多数企业都致力于尝试创新商业模式的情况下,仍然有少数企业反其道而行之?基于商业模式创新组与没有创新组的比较发现,不同组在信息多样性、全面性和共享性方面并不存在显著性差异;不同组在企业领导班子(董事会与高管团队)知识结构和水平方面也不存在显著性差异,但不同组在董事会持股总和($t=1.801$, $p=0.072$)与高管团队持股总和($t=1.879$, $p=0.061$)方面的差异显著,创新组在上述两个指标方面的平均值都低于没有创新组,见表 5-3。

表 5-3 新三板 IT 企业领导班子特征与商业模式效率维度创新

	领导班子特征	是否创新比较		创新程度比较	
		没有创新组	创新组	适度创新组	高度创新组
信息机制	董事会规模	5.13	5.27	5.25	5.31
	高管团队规模	3.92	3.90	3.90	3.90
	管理人员/高管团队	4.74	4.60	4.34↓	5.15↑
	技术人员/管理人员	5.80	4.76	4.94	4.35
	销售人员/管理人员	1.95	2.29	1.69↓	3.40↑
	本科以上学历员工/管理人员	5.98	5.23	5.00	5.72
	兼任高管董事占比	0.48	0.47	0.47↑	0.45↓
董事会层面知识机制	高学历董事占比	0.33	0.33	0.32	0.35
	海归董事占比	0.08	0.07	0.06↓	0.09↑
	平均工作年限	12.26	12.81	12.87	12.65
	平均相关工作年限	4.10	4.27	4.38↑	3.96↓

续表

领导班子特征		是否创新比较		创新程度比较	
		没有创新组	创新组	适度创新组	高度创新组
高管团队知识机制	高学历高管占比	0.29	0.25	0.25	0.25
	海归高管占比	0.04	0.05	0.05	0.06
	平均工作年限	11.66	11.21	11.35↑	10.76↓
	平均相关工作年限	4.06	4.59	4.68↑	4.26↓
风险倾向	董事会持股总和	0.68↑	0.61↓	0.63↑	0.57↓
	高管团队持股总和	0.49↑	0.41↓	0.43	0.40

注：标注箭头的表明两两配对的方差检验在统计上存在显著差异，其中，上箭头表示最大值，下箭头表示最小值

在效率维度商业模式创新方面少数选择保守策略的企业，在信息多样性、全面性和共享性方面并不逊色于创新企业，在企业领导班子知识结构和水平方面甚至要略微强于创新企业，企业领导班子过于保守的风险承担倾向很可能是导致这些有能力创新商业模式的企业没有尝试商业模式创新的主要原因。在效率维度的商业模式创新方面采取保守决策（不创新）并不是因为企业领导班子决策能力存在弱势，很可能是看到了基于互联网和信息技术等新兴技术应用来优化商业模式的趋势，但领导班子层面的风险规避使其在方向性决策方面做出保守选择。

第二，为什么不同企业的商业模式创新程度存在差异？在 895 家商业模式效率维度创新的新三板 IT 企业中，仅有 281 家企业的商业模式在效率维度实现了全局性和系统性的创新，而剩余大部分企业（614 家）在商业模式的效率维度方面浅尝辄止，仅仅在局部范围内做出了效率优化和改进。统计分析结果显示，与适度创新组相比较，高度创新组企业在信息机制、知识机制和风险倾向方面存在着显著性差异。

首先，企业领导班子风险承担倾向越高，越有助于推动企业在商业模式效率维度方面的系统性和全局性创新。其次，企业领导班子特别是高管团队的先前知识结构和水平对商业模式创新程度产生了重要影响。与董事会相比较，高管团队的先前知识结构和水平指标起到了更大的作用。高度创新与适度创新企业高管团队的平均工作年限（$t=1.677$，$p=0.094$）以及平均相关工作年限（$t=1.683$，$p=0.093$）等方面存在显著性差异。在董事会层面，不同组在董事会平均相关工作年限（$t=1.583$，$p=0.091$）和海归董事占比（$t=2.899$，$p=0.004$）方面存在着显著性差异。

具体而言，商业模式效率维度创新过程中，企业领导班子先前知识结构和水平诱发的知识陷阱效应可能制约其创新程度。高度创新组企业高管团队在平均工作年限、平均相关工作年限等方面的平均值都显著低于适度创新组，高度创新组企业董事会在先前平均工作年限（无显著性差异）、平均相关工作年限（显著性差异）等方面的平均值都低于适度创新组。这意味着，企业领导班子先前知识水平

（平均工作年限）特别是行业内知识水平（平均相关工作年限）越高，反而越容易因思维惯性而难以寻求商业模式的系统性突破。值得关注的是，高度创新企业的海归董事占比平均值显著高于适度创新组。

企业领导班子的信息全面性和共享性是推动商业模式效率维度创新的重要力量，而基于领导班子个人化信息的多样性似乎并不发生作用。高度创新组企业在管理人员/高管团队（$t=1.798$, $p=0.073$）、销售人员/管理人员（$t=2.992$, $p=0.003$）以及兼任高管董事占比（$t=1.744$, $p=0.082$）与适度创新组存在显著差异。董事会规模和高管团队规模不存在差异表明，企业商业模式效率维度的创新程度在信息方面更依赖于企业内部而不是企业外部。这一结果非常重要，因为大多数人都认为商业模式创新是技术等外生因素信息驱动的结果，但我们的结果却表明，来自企业内部信息整合可能更加重要。这种重要性集中体现为企业内部信息全面性对创新的重要促进作用：一方面，高度创新企业中管理人员/高管团队平均值显著高于适度创新企业，企业中层管理人员是高管团队决策支持信息的主要来源，高管团队中支持配备的管理人员越多，意味着高管团队的管理人员支持力度越大，在决策过程中更容易获得有关企业运作的更加全面的信息，更有利于高管团队全盘思考决策推动商业模式效率维度的创新；另一方面，高度创新企业中销售人员/管理人员平均值显著高于适度创新企业，但在技术人员/管理人员平均值方面没有显著差异，这可能意味着企业商业模式效率维度创新主要是市场驱动而不是技术驱动，来自市场和行业相关的信息有助于提升企业商业模式效率维度的创新水平。特别值得关注的是，董事会和高管团队之间的信息不对称程度越高，越有利于企业商业模式的效率维度创新，结果显示高度创新组中兼任高管董事占比低于适度创新组并且这一差异在统计上显著。

结合上述分析，可以形成的初步判断是，一方面，企业领导班子的风险承担倾向是约束商业模式效率维度创新的主要力量：在董事会和高管团队持股总和达到一定的高临界值时[①]，对于商业模式创新呈现为硬约束，持股总和低于这一临界值，企业领导班子的信息机制和知识机制才可能产生作用，推动企业商业模式效率维度创新，这一现象非常值得进一步探究。另一方面，商业模式效率维度创新是自下而上的过程，主要表现为来自企业底层的信息全面性以及高管团队知识结构和水平对创新程度产生的重要影响。

5.3.2 企业领导班子与商业模式新颖维度创新

这部分主要关注企业领导班子如何影响商业模式新颖维度创新可能性及其程

[①] 在没有创新组，董事会和高管团队持股总和均值分别为 0.68 和 0.49，这一平均值从适度创新到高度创新呈降低趋势，同时，我们进一步统计发现，在适度创新和高度创新组企业的董事会持股总和下降的情况下，持股成员占比开始表现出显著性差异。

第 5 章 新三板 IT 企业商业模式创新表现、驱动因素与业绩影响

度大小。在分析思路上，采用比较研究思路，分别比较"商业模式没有创新企业与商业模式有创新企业（包括适度创新与高度创新）"以及"商业模式适度创新企业与商业模式高度创新企业"在反映信息、知识和风险倾向等三方面机制指标方面的差异程度，在差异比较中找寻共性规律。

第一，为什么有的 IT 企业选择不创新商业模式？尽管在 955 家企业中，商业模式新颖维度没有创新的企业比例很小（新颖维度没有创新的企业为 90 家），正因为数量小才更值得关注。为什么在行业内绝大多数企业都致力于尝试创新商业模式的情况下，仍然有少数企业反其道而行之？表 5-4 显示，与适度创新组相比较，高度创新组企业在信息机制、知识机制和风险倾向方面存在着显著性差异。

表 5-4 新三板 IT 企业领导班子特征与商业模式新颖维度创新

领导班子特征		是否创新比较		创新程度比较	
		没有创新组	创新组	适度创新组	高度创新组
信息机制	董事会规模	5.17↓	5.27↑	5.25	5.37
	高管团队规模	3.68	3.92	3.92	3.94
	管理人员/高管团队	4.68	4.60	4.63	4.47
	技术人员/管理人员	4.51	4.86	4.56↓	5.72↑
	销售人员/管理人员	2.95	2.20	1.84↓	3.50↑
	本科以上学历员工/管理人员	4.14↓	5.28↑	4.88↓	7.16↑
董事会层面知识机制	兼任高管董事占比	0.45	0.47	0.47	0.46
	高学历董事占比	0.28↓	0.33↑	0.33	0.36
	海归董事占比	0.06	0.07	0.07↓	0.10↑
	平均工作年限	11.94	12.85	12.88	12.71
	平均相关工作年限	3.58↓	4.31↑	4.31	4.34
高管团队知识机制	高学历高管占比	0.21↓	0.26↑	0.25	0.28
	海归高管占比	0.03↓	0.06↑	0.05	0.07
	平均工作年限	11.59	11.16	11.17	11.06
	平均相关工作年限	3.56↓	4.62↑	4.58	4.80
风险倾向	董事会持股总和	0.66	0.61	0.62↑	0.56↓
	高管团队持股总和	0.45	0.42	0.42	0.39

注：标注箭头的表明两两配对的方差检验在统计上存在显著差异，其中，上箭头表示最大值，下箭头表示最小值

企业领导班子风险倾向越高，越有助于推动企业在商业模式新颖维度大胆尝试突破。尽管不具备统计上的显著性，创新组企业的董事会和高管团队持股总和平均值低于没有创新组企业。

企业领导班子特别是高管团队的先前知识结构和水平对企业是否谋求商业模式新颖维度创新起到重要作用。与董事会相比较，高管团队的先前知识结构和水平指标起到了更大的作用。创新组与没有创新组企业高管团队的高学历高管占比

（$t=1.651$，$p=0.099$）、海归高管占比（$t=2.095$，$p=0.038$）以及平均相关工作年限（$t=2.700$，$p=0.007$）等方面存在显著性差异。在董事会层面，不同组在董事会平均相关工作年限（$t=1.883$，$p=0.060$）和高学历董事占比（$t=2.021$，$p=0.044$）方面存在着显著性差异。

具体而言，高管团队先前知识结构和水平越高，越可能谋求在新颖维度创新商业模式。创新组企业高管团队在高学历高管占比、海归高管占比以及平均相关工作年限等方面的平均值都显著高于没有创新组企业，创新组企业董事会在高学历董事占比和平均相关工作年限方面都显著高于没有创新组。这意味着，企业领导班子行业内知识水平不足往往导致难以寻求企业创造价值内容以及价值创造方式的突破，从而更善于遵循行业内规则行事。特别值得注意的是，企业领导班子学历层次越高（董事会与高管团队）、海归成员比例越高（董事会不显著）就越倾向于在企业价值内容与价值创造方式上寻求突破，谋求商业模式新颖维度的创新。

企业领导班子的信息多样性和全面性是推动商业模式新颖维度创新的重要力量，而董事会和高管团队之间的信息共享性似乎并不产生作用。创新企业在董事会规模（$t=1.703$，$p=0.091$）、本科以上学历员工/管理人员（$t=1.718$，$p=0.086$）方面与没有创新企业存在着显著差异。企业董事会规模存在差异表明，信息多样性很可能会推动企业尝试商业模式的新颖维度创新，换句话说，在商业模式新颖维度方面选择保守的企业可能受制于董事会层面个人化信息的劣势。另外，来自企业基层的高质量内部信息也可能是推动企业尝试商业模式新颖维度创新的关键，企业中层管理人员下属的员工学历水平越高，越有助于在日常经营中产生更有价值的信息，换句话说，在商业模式新颖维度方面选择保守的企业还可能受制于其员工学历水平。

概括起来，与效率维度是否创新受到企业领导班子强约束不同的是，在新颖维度方面，创新和不创新商业模式的简单选择背后，是信息机制、知识机制和风险倾向共同作用的结果。更为重要的是，相较于风险倾向，信息机制和知识机制的作用更加显著。一种可能的推断是，在新颖维度选择守旧的企业，主要原因是其领导班子存在知识劣势和信息劣势难以看到商业模式创新的可能空间，而在此时，领导班子的风险倾向并不是主要的约束因素。

第二，为什么不同企业的商业模式创新程度存在差异？在865家商业模式新颖维度创新的IT企业中，仅有152家企业的商业模式在新颖维度实现了全局性创新（以新架构创造并获取新价值），而剩余大部分企业（713家）在商业模式的新颖维度方面浅尝辄止，仅仅在局部范围内做出了改进型创新。统计分析结果显示，信息机制和风险倾向似乎在提升商业模式新颖维度创新程度方面起到了更加关键的作用。

有趣的是，企业领导班子的风险倾向对于企业商业模式新颖维度的创新程度起到了很强的约束作用。高度创新组企业在董事会持股总和（$t=2.318$，$p=0.021$）方面的平均值低于适度创新组，并且这一差异具有统计上的显著性。这一结果表明，尽管在新颖维度是否创新主要取决于企业领导班子的知识特征和信息特征，但一旦选择在新颖维度创新，风险倾向就开始起到重要的约束作用，这可能是因为，新颖维度创新意味着采用新架构创造并获取新价值，在这一过程中，必然充满着试错甚至错误诱发的成本，而这些成本有可能会诱发企业领导班子的风险规避倾向，在企业董事会持股总和与持股比例达到一个高临界值时，风险规避倾向主导的可能性会最高，并最终使商业模式的新颖维度创新步履维艰，甚至停滞不前。

结果同时展现了推动企业商业模式新颖维度创新的重要力量，这一力量就是董事会更广阔的决策视野与企业领导班子更有效的信息支持，高度创新组与适度创新组在海归董事占比（$t=2.399$，$p=0.017$）、技术人员/管理人员（$t=1.719$，$p=0.087$）、销售人员/管理人员（$t=1.827$，$p=0.070$）、本科以上学历员工/管理人员（$t=2.832$，$p=-0.005$）等方面存在显著性差异。有理由推断，商业模式新颖维度创新过程中，上下联动机制起到突出作用。"上"，集中体现为董事会以海外经历为特点的知识结构，海外经历可能产生更加前沿的技术趋势以及技术应用趋势等方面的知识，董事会中海归董事占比越高，这一力量就会占据主导，在推动商业模式新颖维度创新方面具有更强的魄力、勇气和期望。"下"，集中体现为用于支撑企业领导班子的信息质量和有效性：来自技术、市场和行业方面的高质量信息越充分，越有助于帮助高管团队和董事会分析新价值的市场反馈从而更加理性地分析和应对风险与不确定性；高素质员工基于企业运营工作反馈的高质量信息，也有助于高管团队和董事会应对新架构设计和实施过程中的风险及不确定性。

综合上述分析，可以初步判断的是，企业领导班子的风险倾向是约束商业模式新颖维度创新的主要力量：在董事会和高管团队所掌握信息和知识特征不足以支撑创新想象时，这一约束力量并不产生显著作用，但一旦产生了创新想法并付诸行动，在董事会持股成员比重和持股总和达到一定的高临界值时，就会形成一种硬约束力量。更为重要的是，企业商业模式新颖维度创新程度在很大程度上取决于上下联动机制，一方面，来自外部环境反馈的信息全面性和质量非常关键，另一方面，董事会基于其知识结构而产生的创新意愿和决断能力更加重要。

结合效率维度和新颖维度的分析结果，可以发现两者之间的创新过程和驱动因素有着根本区别。对于效率维度而言，风险倾向对于是否创新起到硬约束作用，而信息和知识机制对于创新程度起到了重要推动作用，但对于新颖维度而言，信息和知识机制对于是否创新起到重要作用，而风险倾向对于创新程度起到了硬约束作用，同时这一作用可能会被企业董事会与基层员工之间基于信息交换的上下联动机制削弱。这一事实非常值得继续关注和探究。

5.3.3 商业模式创新的路径及其影响因素

既然效率维度和新颖维度是商业模式创新的双元战略方向，是企业家商业模式思维中的可以并存的创新选择，不同企业的商业模式创新路径就很可能存在着差异。在955家新三板IT企业中，共有837家企业创新了商业模式，剩余的118家企业并没有在商业模式方面做出创新①。在837家创新商业模式的企业中，可以划分为两种路径：第一条路径是商业模式新颖与效率维度的平衡创新路径（共计610家），其中，有507家企业是低水平创新平衡，有103家企业是高水平创新平衡；第二条路径是商业模式效率与新颖维度的不平衡创新路径（共计227家），其中，效率主导企业为178家，新颖主导企业为49家。

不同组之间在商业模式创新的效率和新颖维度的得分以及两维度得分的相关系数之间存在着差异。在507家低水平创新平衡企业中，商业模式创新效率维度的平均分为0.33，新颖维度的平均分为0.34，新颖和效率维度得分的相关系数为0.337（$p<0.01$）；在103家高水平创新平衡企业中，商业模式创新效率维度的平均分为0.67，新颖维度的平均分为0.60，新颖和效率维度得分的相关系数为0.294（$p<0.01$）；在178家效率主导企业中，商业模式创新效率维度的平均分为0.65，新颖维度的平均分为0.36，新颖和效率维度得分的相关系数为–0.185（$p<0.05$）；在49家新颖主导企业中，商业模式创新效率维度的平均分为0.37，新颖维度的平均分为0.58，新颖和效率维度得分的相关系数为–0.020。

针对新颖维度与效率维度平衡创新路径，效率维度与新颖维度商业模式创新得分之间呈现为显著性正相关关系，507家低水平创新平衡企业在效率维度和新颖维度商业模式创新得分平均值都小于103家高水平创新平衡企业（效率维度平均值差额为0.34；新颖维度平均值差额为0.26）。针对新颖维度与效率维度的不平衡创新路径，效率维度和新颖维度商业模式创新得分之间呈现为负相关关系（其中178家效率主导企业呈现为显著性负相关关系），178家效率主导企业在效率维度得分均值较新颖维度得分平均值高出0.29，49家新颖主导企业在新颖维度得分均值较效率维度得分平均值高出0.21。借助不同路径内的组间比较以及不同路径间的组间比较，可以大致描述IT企业商业模式效率维度与新颖维度方面的驱动因素差异以及平衡策略，见表5-5。

---

① 118家没有商业模式创新的企业可以分为三类：第一类是在商业模式的效率和新颖维度均没有做出创新的15家企业；第二类是在新颖维度没有创新但在效率维度适度创新的59家企业；第三类是在效率维度没有创新而在新颖维度适度创新的44家企业。基于前面的论述，尽管第二类和第三类在效率或新颖维度做出了适度创新，但它们与第一类在商业模式创新方面并没有本质性差异，故将其视为与第一类相同，归入没有创新的企业。

第5章　新三板IT企业商业模式创新表现、驱动因素与业绩影响

表 5-5　837家企业的领导班子特征与商业模式创新路径

领导班子特征		平衡创新路径		不平衡创新路径	
		低水平创新平衡	高水平创新平衡	效率主导	新颖主导
信息机制	董事会规模	5.26	5.41	5.25	5.27
	高管团队规模	3.91	3.91	3.90	4.00
	管理人员/高管团队	4.33	5.07↑	5.46↑	3.27↓
	技术人员/管理人员	4.87	5.39↑	3.65↓	6.52↑
	销售人员/管理人员	1.54↓	4.08↑	3.16	2.21
	本科以上学历员工/管理人员	4.83↓	7.33↑	4.52↓	6.80↑
董事会层面知识机制	兼任高管董事占比	0.48	0.45	0.45	0.49
	高学历董事占比	0.32	0.36	0.34	0.37
	海归董事占比	0.06↓	0.10↑	0.08	0.09
	平均工作年限	13.04	12.76	12.59	12.61
	平均相关工作年限	4.40	4.01↓	3.93↓	4.94↑
高管团队知识机制	高学历高管占比	0.25	0.29	0.22	0.28
	海归高管占比	0.05	0.07	0.06	0.07
	平均工作年限	11.28	10.47↓	10.93	12.27↑
	平均相关工作年限	4.77	4.69	4.02	5.04
风险倾向	董事会持股总和	0.62↑	0.51↓	0.61	0.67↑
	高管团队持股总和	0.42↑	0.37↓	0.41	0.45↑

注：标注箭头的表明两两配对的方差检验在统计上存在显著差异，其中，上箭头表示最大值，下箭头表示最小值

（1）在信息机制方面，企业领导班子所能获取的信息特征会影响商业模式创新路径。第一，企业领导班子从企业中层管理所获取的与企业日常运营相关信息的多样性和全面性越高，越有利于商业模式效率维度创新但不利于新颖维度创新。这主要表现为：在227家商业模式的不平衡创新路径企业中，效率主导企业的管理人员/高管团队（$t=3.225$，$p=0.001$）平均值显著高于新颖主导企业，同时管理人员/高管团队与商业模式效率维度创新得分平均值之间呈现为显著性正相关关系（相关系数为0.141，$p=0.035$），而与商业模式新颖维度创新得分平均值之间呈现为不显著的负相关关系（相关系数为–0.088，$p=0.190$）。进一步分析发现，高水平创新平衡企业的管理人员/高管团队（$t=2.469$，$p=0.015$）平均值显著高于新颖主导企业，但与效率主导企业之间并没有显著性差异。这表明，新颖主导企业可以通过增加企业领导班子对于企业日常运营相关多样性和全面性信息的认知来提升其效率维度的创新水平。

第二，企业高管团队所能获取的来自企业基层的技术信息越丰富、信息质量

越高，越有利于促进商业模式的新颖维度创新而不利于效率维度创新。这主要表现为：在227家商业模式的不平衡创新路径企业中，新颖主导企业在技术人员/管理人员（$t=2.433$，$p=0.018$）以及本科以上学历员工/管理人员（$t=2.178$，$p=0.033$）平均值显著高于效率主导企业，同时技术人员/管理人员（相关系数为0.213，$p=0.001$）以及本科以上学历员工/管理人员（相关系数为0.175，$p=0.009$）与商业模式新颖维度创新得分之间呈现为显著性正相关关系，而技术人员/管理人员（相关系数为-0.236，$p=0.000$）以及本科以上学历员工/管理人员（相关系数为-0.131，$p=0.052$）与商业模式效率维度创新得分之间呈现为负相关关系。进一步分析发现，高水平创新平衡企业的技术人员/管理人员（$t=2.045$，$p=0.043$）与本科以上学历员工/管理人员（$t=2.504$，$p=0.014$）的平均值显著高于效率主导企业，但与新颖主导企业之间并没有显著性差异。这表明，效率主导企业的领导班子可以通过增加技术相关信息数量和信息质量来提升其新颖维度的创新水平。

第三，企业领导班子能接触到多样性的市场信息是触发商业模式创新的前提，但并不是决定商业模式创新路径的关键因素，这意味着，商业模式创新起源于对市场信息的关注，但其本质在于超越和引领市场信息而不是依赖于市场信息来谋求创新，因为对于新颖维度而言，消费者可能并不知道他们到底想要什么，而对于效率维度而言，消费者可能并不关心如何能以更加节约的方式满足可感知需求。这主要表现为：在227家商业模式的不平衡创新路径企业中，新颖主导企业的销售人员/管理人员均值与效率主导企业之间并没有显著性差异，但在610家效率与新颖创新平衡的企业中，高水平创新平衡企业的销售人员/管理人员（$t=1.957$，$p=0.053$）均值显著高于低水平创新平衡企业。

基于上述发现，可以初步判断的是，企业内生信息（企业日常运营）和企业外生信息（技术）驱动着商业模式不同维度的创新。效率维度创新的关键在于企业价值创造系统成本的整体性降低，企业内生信息特别是企业日常运营产生的信息是企业领导班子谋求价值创造系统优化进而实现效率优势的重要基础；新颖维度创新的关键在于定义新价值并设计新的价值创造系统，企业外生信息特别是与企业相关的新兴技术趋势等可能是企业领导班子谋求新颖优势的关键。进一步地，重视并获取企业内生信息与企业外生信息很可能有助于企业领导班子同时在商业模式的效率和新颖维度谋求高水平创新。更加重要的是，基于新价值的定义本质，新颖维度的商业模式创新有赖于企业基层员工对于企业外生信息的吸收和转化能力，而效率维度则并不依赖于此。

（2）在知识机制方面，企业领导班子知识结构可能会左右其商业模式创新路径。这主要表现在：在227家商业模式的不平衡创新路径企业中，一方面，新颖主导企业在董事会层面的平均相关工作年限（$t=1.880$，$p=0.061$）平均值显著高于效率主导企业，同时董事会层面的平均相关工作年限（相关系数为0.189，$p=0.006$）

与商业模式新颖维度创新得分之间呈现为显著性正相关关系，而与商业模式效率维度创新得分之间呈现为负相关关系（相关系数为-0.113，$p=0.105$）；另一方面，新颖主导企业在高管团队层面的平均工作年限（$t=1.690$，$p=0.092$）平均值显著高于效率主导企业，同时高管团队层面的平均工作年限（相关系数为 0.189，$p=0.006$）与商业模式新颖维度创新得分之间呈现为显著性正相关关系，而与商业模式效率维度创新得分之间呈现为负相关关系（相关系数为-0.113，$p=0.105$）。

这一结果表明，董事会层面的行业内经验深度可能会阻碍商业模式效率维度创新但会促进商业模式新颖维度创新。与之相类似的是，高管团队层面的工作经验深度会阻碍商业模式效率维度创新但会促进商业模式新颖维度创新。换句话说，站在知识角度，效率维度的创新可能意味着行业外知识的创造性应用，参考其他行业的做法来优化企业价值创造系统，在行业内过分嵌入有可能会诱发经验陷阱，将现状视为理所当然而禁锢创新。新颖维度的创新可能意味着行业内知识与技术信息的创造性组合，基于行业内的特殊化知识来定义新的价值趋势，在行业内的深度浸染更有助于创造性解读来自市场和技术等方面的信息，推动企业以新的价值创造系统来创造新的价值。

更加重要的是，董事会和高管团队行业内经验对于商业模式新颖维度的促进作用可能受制于企业领导班子所能获取的信息特征。进一步分析发现，新颖主导企业与低水平创新平衡企业在董事会平均相关工作年限和高管团队平均工作年限之间并没有显著性差异。我们怀疑，两组企业在商业模式新颖维度的不同表现（适度创新或高度创新）很可能是来自企业领导班子所接触到的信息多样性和全面性差异。事实上，统计发现新颖主导企业本科以上学历员工/管理人员（$t=1.963$，$p=0.055$）平均值显著高于低水平创新平衡企业。

进一步推断，企业领导班子具有适度行业内工作经验水平时，最有可能同时推动商业模式的效率和新颖维度的高水平创新，而诱发这一协同效应的关键仍然在于企业领导班子所接触到的技术信息的多样性和全面性。

（3）在风险倾向方面，企业领导班子对于商业模式新颖维度与效率维度创新的风险容忍度相似，但对于新颖和效率维度同时创新的风险容忍度最低。这主要表现为：在 227 家商业模式的不平衡创新路径企业中，尽管新颖主导与效率主导企业在董事会持股总和以及高管团队持股总和平均值方面没有显著性差异，但新颖主导企业董事会持股总和（$t=3.281$，$p=0.001$）以及高管团队持股总和（$t=1.690$，$p=0.093$）平均值都显著高于高水平创新平衡企业，效率主导企业董事会持股总和（$t=2.827$，$p=0.005$）平均值显著高于高水平创新平衡企业。

5.4 商业模式创新对企业业绩的影响

商业模式创新有助于提升企业业绩，尽管大多数人都会认同，但研究证据却呈现为矛盾状态,基于这一观点,有些研究证实而有些研究证伪。如前所述,我们认为,商业模式创新要为企业带来竞争优势进而才有可能提升企业业绩,基于商业模式创新程度差异,不同水平下的商业模式创新塑造竞争优势的可能性和效果必然存在差异,那么其业绩影响也可能因此而不同。下面,我们将依据这一思路来分析商业模式不同维度创新程度与创新路径可能产生的业绩影响。

5.4.1 商业模式效率维度创新对企业业绩的影响

商业模式效率维度创新程度差异会导致企业业绩存在差异,同时对于不同业绩指标呈现出不同的影响机制。

第一,从总资产和营业收入指标来看,在商业模式效率维度适度创新企业的业绩水平最差,而没有创新与高度创新在这两个指标方面各有千秋。在商业模式效率维度高度创新的企业总资产平均值显著高于适度创新企业,但与没有创新企业水平相当;在商业模式效率维度没有创新企业的营业收入平均值显著高于适度创新企业,但与高度创新企业水平相当,见表5-6。

表5-6 新三板IT企业商业模式效率维度创新分组与业绩差异

业绩指标		没有创新	适度创新	没有创新	高度创新	适度创新	高度创新
总资产	平均值	3.78	3.69	3.78	3.75	3.69↓	3.75↑
	标准差	0.46	0.47	0.46	0.54	0.47	0.54
	t值	1.371		0.318		1.673*	
营业收入	平均值	3.73↑	3.59↓	3.73	3.62	3.59	3.62
	标准差	0.47	0.53	0.47	0.62	0.53	0.62
	t值	1.962**		1.302		1.281	
净利润	平均值	2.59↑	2.29↓	2.59↑	1.74↓	2.29↑	1.74↓
	标准差	0.92	1.14	0.92	1.47	1.14	1.47
	t值	2.332***		5.793***		5.607***	
总资产增长率	平均值	0.08	0.12	0.08↓	0.14↑	0.12	0.14
	标准差	0.15	0.22	0.15	0.43	0.22	0.43
	t值	1.634		1.863*		0.513	
营业收入增长率	平均值	0.10	0.10	0.10	0.12	0.10	0.12
	标准差	0.21	0.23	0.21	0.50	0.23	0.50
	t值	0.049		0.626		0.857	
净利润增长率	平均值	2.10	2.08	2.10	2.09	2.08	2.09
	标准差	0.03	0.17	0.03	0.10	0.17	0.10
	t值	0.547		0.505		0.499	

注:标注箭头的表明两两配对的方差检验在统计上存在显著差异,其中,上箭头表示最大值,下箭头表示最小值

*表示在0.10水平上显著;**表示在0.05水平上显著;***表示在0.01水平上显著

第二,在净利润指标方面,结果显示在商业模式效率维度没有创新企业的表现最好,而高度创新企业的净利润水平最低。

第三,在企业成长指标方面,除了在商业模式效率维度高度创新企业的总资

产增长率显著高于没有创新企业之外，三组企业在总资产增长率、营业收入增长率和净利润增长率方面并没有显著性差异。

这一结果表明，至少从短期来看，商业模式效率维度创新意味着损失风险，可能会导致其相对于没有创新企业的业绩劣势。对比商业模式效率维度创新与没有创新企业发现，没有创新企业的营业收入（$t=1.763, p=0.078$）和净利润（$t=2.666, p=0.009$）方面的平均值更高并且具有统计上的显著性。同时，与适度创新企业相比较，高度创新企业相对于没有创新企业的业绩劣势会更加明显。

这可能与商业模式效率维度创新的优势塑造逻辑有关联，效率维度创新意味着降低企业与外部利益相关者交易结构的系统性成本，挑战行业的成本规则。其中，顾客是核心的利益相关者，效率维度创新很可能意味着顾客成本（以产品或服务价格为核心）的降低，与适度创新相比较，高度创新的顾客成本方面很可能下降幅度更加明显，那么，在追求效率维度的商业模式创新时，就必然要借助顾客规模的大幅度提升（这一提升幅度应该能抵消因价格下降而产生的利润损失）来提高其盈利能力，而顾客规模的大幅度提升往往难以在短期实现。

事实上，在高度创新与没有创新企业营业收入不存在差异的情况下，进一步分析发现高度创新企业的客户分散程度（$t=1.894, p=0.059$）相较没有创新企业得到了显著提升，表明高度创新企业因效率维度的全局性创新而诱发了客户规模扩张。适度创新企业相较没有创新企业的客户分散程度并没有显著性差异，但其前五名客户收入占比（$t=2.028, p=0.043$）相较挂牌前一年变得更加分散，表明适度创新组企业效率维度的局部性创新仅仅导致了企业收入结构更加分散但客户规模并没有出现显著扩张。因此，有理由推断，从长期来看，高度创新企业的业绩会因其客户规模优势而超越没有创新企业和适度创新企业，而适度创新企业因在客户规模扩张方面的优势不明显而出现业绩水平持续下滑。

5.4.2　商业模式新颖维度创新对企业业绩的影响

商业模式新颖维度创新程度差异会导致企业业绩存在差异，同时对不同业绩指标呈现出不同的影响机制，见表 5-7。

表 5-7　新三板 IT 企业商业模式新颖维度创新分组与业绩差异

业绩指标		没有创新	适度创新	没有创新	高度创新	适度创新	高度创新
总资产	平均值	3.65	3.71	3.65↓	3.76↑	3.71	3.76
	标准差	0.50	0.51	0.50	0.51	0.48	0.51
	t 值	1.208		1.719*		1.140	
营业收入	平均值	3.64	3.60	3.64	3.64	3.60	3.64
	标准差	0.65	0.53	0.65	0.60	0.53	0.60
	t 值	0.634		0.028		0.989	

续表

业绩指标		没有创新	适度创新	没有创新	高度创新	适度创新	高度创新
净利润	平均值	2.04	2.22	2.04	1.87	2.22↑	1.87↓
	标准差	1.20	1.24	1.20	1.38	1.24	1.38
	t 值	1.334		0.946		2.884***	
总资产增长率	平均值	0.18↑	0.12↓	0.18↑	0.11↓	0.12	0.11
	标准差	0.36	0.24	0.36	0.43	0.24	0.43
	t 值	2.221**		1.719*		0.125	
营业收入增长率	平均值	0.18↑	0.10↓	0.18	0.10	0.10	0.10
	标准差	0.36	0.25	0.36	0.53	0.25	0.53
	t 值	2.601***		1.157		0.125	
净利润增长率	平均值	2.10	2.08	2.10	2.09	2.08	2.09
	标准差	0.17	0.16	0.17	0.02	0.16	0.02
	t 值	0.772		0.724		0.293	

注：标注箭头的表明两两配对的方差检验在统计上存在显著差异，其中，上箭头表示最大值，下箭头表示最小值

*表示在 0.10 水平上显著；**表示在 0.05 水平上显著；***表示在 0.01 水平上显著

第一，从企业规模业绩指标来看，高度创新企业的总资产平均值显著高于没有创新企业，适度创新企业的净利润平均值显著高于高度创新企业。但是，与没有创新企业相比，高度创新企业与适度创新企业并没有表现出营业收入和净利润优势。尽管不存在统计上的显著性，高度创新企业和没有创新企业的营业收入都要高于适度创新企业。第二，从企业成长指标来看，适度创新企业的总资产增长率平均值显著低于没有创新企业，其营业收入增长率平均值也显著低于没有创新企业。与没有创新企业和适度创新企业相比较，高度创新企业在总资产增长率、营业收入增长率和净利润增长率方面均没有表现出显著性优势。

这一结果表明，至少从短期来看，商业模式新颖维度创新虽然不必然导致业绩劣势，但也难以产生业绩优势，反而有可能在成长速度方面相对于没有创新企业表现出竞争劣势。相对于没有创新企业的业绩劣势，对比商业模式新颖维度创新企业与没有创新企业发现，没有创新企业的总资产增长率（$t=2.050$，$p=0.041$）和营业收入增长率（$t=2.190$，$p=0.029$）方面的平均值更高并且具有统计上的显著性。同时，与适度创新企业相比较，高度创新企业相对于没有创新企业的优势更不明显，在净利润方面的表现还不如适度创新企业。

这可能与商业模式新颖维度创新的优势塑造逻辑有关联，新颖维度创新意味着创新企业价值创造系统来提供新价值，其竞争优势主要取决于新产品或服务相

对于既有产品或服务的替代规模，因为替代规模越大，越有助于其进一步优化企业新价值创造系统的规模效应，进而实现营业收入的扩张与新产品或服务毛利率的提升。但是，这一过程往往需要较长时间才能实现。以苹果公司的 iPhone 产品为例，有学者发现，在经历了 iPhone 3 产品销售期间的替代过渡期后，iPhone 4 产品的毛利率水平急速攀升到了该产品毛利率顶峰的 55%。

事实上，针对商业模式新颖维度不同创新程度企业在挂牌前两年毛利率、挂牌前一年毛利率以及挂牌当年年底毛利率的对比分析发现：高度创新企业产品或服务毛利率在挂牌当年快速攀升，毛利率平均值分别为 0.38、0.39、0.46，挂牌当年年底的毛利率较前一年增长了 18%；没有创新企业产品或服务毛利率总体呈下滑趋势，毛利率平均值分别为 0.41、0.43、0.39，挂牌当年年底的毛利率较前一年下滑了 10%；适度创新企业产品或服务毛利率平均值分别为 0.28、0.50、0.49，挂牌当年年底的毛利率较前一年下滑了 2%。这意味着在新颖维度高度创新的企业有可能在长期内会表现出强劲的竞争优势。

更为重要的是，与没有创新企业相比，高度创新企业（$t=1.792$、$p=0.074$）与适度创新企业（$t=3.449$，$p=0.001$）在挂牌当年年底的产品或服务毛利率平均值更高且存在统计上的显著性，但从三年毛利率平均值来看，高度创新企业、适度创新企业和没有创新企业分别为 0.41、0.42、0.41。这一现象非常值得关注，特别是为什么适度创新企业的毛利率反而会高于高度创新企业。这至少反映出两个问题：一是中国企业家在如何提升创新性产品或服务毛利率方面存在着不足；另一个是模仿的破坏性作用在创新性产品或服务的毛利率空间，这也许恰恰反映的是中国企业不愿意创新的深层次原因。

5.4.3 商业模式创新路径对企业业绩的影响

对于效率和新颖维度创新平衡路径而言，高水平创新平衡与低水平创新平衡企业在企业规模业绩和成长业绩方面表现出的差异是上述效率与新颖维度创新对企业业绩作用方式的综合效应，见表 5-8。从短期来看，高水平创新平衡企业在净利润方面的竞争劣势因效率和新颖维度共同作用的叠加而变得更加明显。但可以判断的是，也许高水平创新平衡企业更难以在短期内通过塑造竞争优势进而实现业绩优势，但有可能比效率或新颖维度单方面创新的企业更快地释放商业模式创新的业绩优势。其理由在于：既然创新平衡企业的业绩影响是单维度效应的叠加，那么就很有可能在长期内释放效率和新颖的互补优势；效率的竞争优势取决于规模，而规模扩张仍有助于强化新颖诱发的毛利率优势。事实上，高水平创新平衡企业挂牌当年的产品或服务毛利率增长趋势更加显著（增长了 31%），而低水平创新平衡企业的毛利率基本持平。

表 5-8　新三板 IT 企业商业模式创新路径分组与业绩差异

业绩指标		高水平创新平衡	低水平创新平衡	效率主导	新颖主导
总资产	平均值	3.78	3.70	3.73	3.71
	标准差	0.56	0.47	0.53	0.38
	t 值	1.473		0.285	
营业收入	平均值	3.65	3.58	3.60	3.63
	标准差	0.66	0.52	0.59	0.47
	t 值	0.994		0.333	
净利润	平均值	1.65↓	2.31↑	1.78↓	2.32↑
	标准差	1.49	1.15	1.20	1.38
	t 值	4.261***		2.994***	
总资产增长率	平均值	0.12	0.12	0.15	0.07
	标准差	0.50	0.21	0.39	0.21
	t 值	0.032		1.626	
营业收入增长率	平均值	0.14	0.10	0.12↑	0.03↓
	标准差	0.62	0.22	0.42	0.26
	t 值	0.628		1.806*	
净利润增长率	平均值	2.09	2.08	2.09	2.09
	标准差	0.02	0.19	0.13	0.02
	t 值	0.225		0.051	

注：标注箭头的表明两两配对的方差检验在统计上存在显著差异，其中，上箭头表示最大值，下箭头表示最小值

*表示在 0.10 水平上显著；***表示在 0.01 水平上显著

更为重要的是，对比效率主导和新颖主导组可以进一步验证上述效率与新颖维度创新对企业业绩作用的可能机制。与效率维度主导相比较，新颖维度主导企业的净利润水平更高且具有统计上的显著性，这验证了新颖相对于效率的产品或服务创新红利；与新颖维度相比较，效率维度主导企业的营业收入增长率平均值更高且具有统计上的显著性，这进一步验证了效率维度相对于新颖维度的客户规模及其增速优势。更为重要的是，究竟是效率维度还是新颖维度的商业模式创新更有助于在长期内提升企业业绩？基于效率主导和新颖主导的比较为此提供了可能的答案：在创新程度较高的条件下，基于不增长即死亡的新兴企业生存法则，效率维度的创新风险可能更小。

综上所述，商业模式创新在短期内并不必然带来业绩增长，甚至有可能损害企业业绩，但在长期内有可能会对企业业绩产生显著性提升作用，而针对效率和新颖维度而言，这一作用发生的前提条件各不相同，前者注重客户规模的变化而后者依赖于产品或服务毛利率的变化。

第 6 章

不同商业模式情境下的管理重点与决策挑战

如果把企业比喻为汽车的话,那么企业家就是司机,商业模式就是由底盘和发动机等重要元件构成的基础架构,企业家在企业经营过程中可能遇到的各种境遇就是路况。汽车的基础架构固然决定了汽车所能达到的加速、极速、制动等性能上限,但汽车的速度和安全性等实际性能则在很大程度上取决于司机、汽车以及路况等因素的互动,更为重要的是,在时间推移的动态互动过程中,即便是相似的汽车可能会因为司机因素以及路况因素而产生差异。也就是说,随着时间推移,商业模式属性可能会赋予企业一些独特的资源和能力,也可能给企业家带来管理和决策方面的挑战。这就是我们关心的第三个问题:不同商业模式情境下,企业家如何管理企业更有助于发挥商业模式的优势塑造潜力?

6.1 总经理问卷调查具有统计代表性

针对 969 家新三板 IT 企业,我们于 2017 年年末开展了总经理问卷调查,邀请每家企业总经理参与填写调查问卷,调查问卷内容主要涉及企业运营中的企业业绩评价、企业资源和能力状况、企业合作伙伴管理能力与效果、企业高管团队决策特征等主题,这些主题都是我们在课题研究论证时认为可能与商业模式运行紧密相关的关键要素。编码数据和调查数据的融合是这部分分析的基本逻辑,因为调查时间临近财务年尾和春节年尾,只成功回收了 101 份有效调查问卷,尽管样本量相对于 969 家企业而言不大,但仍然具有统计上的代表性。这主要表现在以下两个方面。

6.1.1 101 家问卷调查企业的商业模式创新状况与总体样本一致

鉴于我们的分析焦点在于企业商业模式及其创新特征,如果 101 家问卷调查企业的商业模式创新状况分布与总体存在着显著性差异的话,自然分析结果也就会产生系统性偏差。我们从商业模式创新程度分布以及商业模式创新程度得分两个角度来比较 101 家接受问卷调查企业与总体样本的差异,见表 6-1。

表 6-1 问卷调查与非问卷调查企业的商业模式创新比较

项目		商业模式效率维度			商业模式新颖维度		
		高度创新	适度创新	没有创新	高度创新	适度创新	没有创新
问卷调查企业（101家）	实测	27	68	6	13	77	11
	期望	30.1	64.6	6.3	16.5	75.0	9.5
非问卷调查企业（868家）	实测	262	552	54	145	643	80
	期望	258.9	555.4	53.7	141.5	645.0	81.5
101家问卷调查企业均值		0.65	0.33	0.22	0.59	0.35	0.17
868家非问卷调查企业均值		0.66	0.33	0.22	0.59	0.35	0.20

注：整体比较问卷调查与非问卷调查企业的商业模式创新程度也没有差异，101家企业效率维度创新均值为0.41（868家为0.42），101家企业新颖维度创新均值为0.36（868家为0.37）

从商业模式创新程度的分布状况来看，问卷调查与非问卷调查企业在商业模式效率维度（卡方值为0.570，$p=0.752$）和新颖维度（卡方值为1.142，$p=0.565$）的创新程度分布并不存在显著性差异。事实上，从分布结果来看，问卷调查企业在商业模式效率维度和新颖维度的不同创新程度分布与非问卷调查企业高度一致。从商业模式创新程度的得分来看，问卷调查与非问卷调查企业在商业模式效率维度（$t=0.810$，$p=0.418$）和新颖维度（$t=0.782$，$p=0.434$）的创新程度平均值并没有显著性差异，同时在不同创新程度内也没有表现出显著性差异。

这一结果表明，101家问卷调查企业在商业模式创新方面与868家非问卷调查企业分布一致，证明其来自同一样本总体且具有统计上的代表性。

6.1.2 101家问卷调查企业的其他基本指标与总体样本一致

在其他企业业绩指标方面，101家问卷调查企业与868家非问卷调查企业之间仍然没有表现出显著性差异，这些指标主要包括挂牌前一年业绩指标以及挂牌前两年业绩指标，在这里，仅仅列出了问卷调查与非问卷调查企业在挂牌前一年业绩指标方面的均值比较，见表6-2。

表 6-2 问卷调查与非问卷调查企业的其他基本指标比较

挂牌前一年业绩指标	101家问卷调查企业	868家非问卷调查企业	统计值
总资产	7681.48	7318.97	$t=0.239$，$p=0.811$
资产负债率	0.40	0.38	$t=0.484$，$p=0.629$
每股净资产	2.16	2.20	$t=0.068$，$p=0.946$
营业收入	9070.22	7082.30	$t=0.702$，$p=0.483$
净利润	650.17	642.64	$t=0.039$，$p=0.969$
毛利率	0.49	0.48	$t=0.126$，$p=0.900$
净资产收益率	0.24	0.31	$t=0.270$，$p=0.787$
基本每股收益	0.43	0.46	$t=0.221$，$p=0.825$

基于上述分析，我们可以判定 101 家问卷调查企业与 868 家非问卷调查企业之间并没有显著性差异，它们均来自同一母体，基于 101 家问卷调查企业的调查数据分析在统计上具有较好的代表性。

6.2 商业模式创新与企业竞争业绩

基于 101 家企业的调查数据，在这一部分分析商业模式创新是否以及如何影响企业业绩。与前一部分分析不同，这一部分的企业业绩是企业竞争性业绩，是企业总经理对企业在多个业绩指标相较竞争者表现水平的主观评价；这一部分的业绩水平为 2016 年指标，该业绩指标相较于前一部分的指标具有更强的长期性（针对 2013 年挂牌企业，时间间隔为 4 年；针对 2014 年挂牌企业，时间间隔为 3 年；以此类推）。

表 6-3 显示，在竞争性业绩方面，邀请企业总经理填写了企业在三个方面的九项指标相对于主要竞争对手的比较业绩（采用 1～7 的利克特量表，1 表示非常低，7 表示非常高）：第一个方面是规模业绩，包括销售增长、总收入增长和市场份额增长；第二个方面是质量业绩，包括总资产回报、销售毛利率、利润增长率；第三个方面是新产品优势，包括新产品数量、新产品质量、新产品推出速度。问卷指标具有很好的信度，同时分别将九项指标聚合成规模业绩、质量业绩和新产品优势三个因子用于分析，同时，为了方便理解，将规模业绩、质量业绩和新产品优势的因子值转化为 0～100 的分值，分值越大业绩表现越好[①]。

表 6-3　101 家被调查企业业绩指标的描述性分析

	指标	最小值	最大值	均值	标准差	因子载荷	信度系数
规模业绩	销售增长	2	7	5.12	1.098	0.961	0.946
	总收入增长	2	7	5.07	1.125	0.967	
	市场份额增长	2	7	5.02	1.183	0.926	
质量业绩	总资产回报	1	7	4.49	1.309	0.924	0.922
	销售毛利率	2	7	4.75	1.117	0.939	
	利润增长率	2	7	4.80	1.200	0.935	
新产品优势	新产品数量	1	7	4.79	1.359	0.936	0.924
	新产品质量	1	7	4.94	1.215	0.923	
	新产品推出速度	1	7	5.32	1.174	0.936	

① 三个指标聚合成的因子是均值为 0、标准差为 1 的标准分变量，采用如下公式可以将其转化为最小值为 0，最大值为 100 的新变量：((最小值－因子值)/(最小值－最大值))×100。后面分析中涉及的聚合因子均采用同一方法予以转化处理。

6.2.1 商业模式效率维度创新与企业竞争业绩

新三板 IT 企业商业模式效率维度创新对于企业不同竞争业绩指标的作用机制高度一致，这一一致性具有重要的管理启示。商业模式效率维度创新与企业规模业绩、质量业绩和新产品优势之间可能呈现为"U"形曲线关系，见图 6-1。我们绘制了商业模式效率维度创新得分（横坐标）与规模业绩、质量业绩以及新产品优势（纵坐标）的样本分布散点图，同时在图中绘制了可能的模拟曲线（图中的虚线所示）：效率维度创新水平较低时，商业模式效率维度创新可能并不能给企业带来竞争优势，甚至有可能带来竞争劣势而有损于企业业绩，但在效率维度创新水平经历某个拐点（从散点图中判断，创新得分很可能在 0.50～0.60 之间）之后进一步提升时，创新有可能会给企业带来竞争优势进而提升企业业绩。

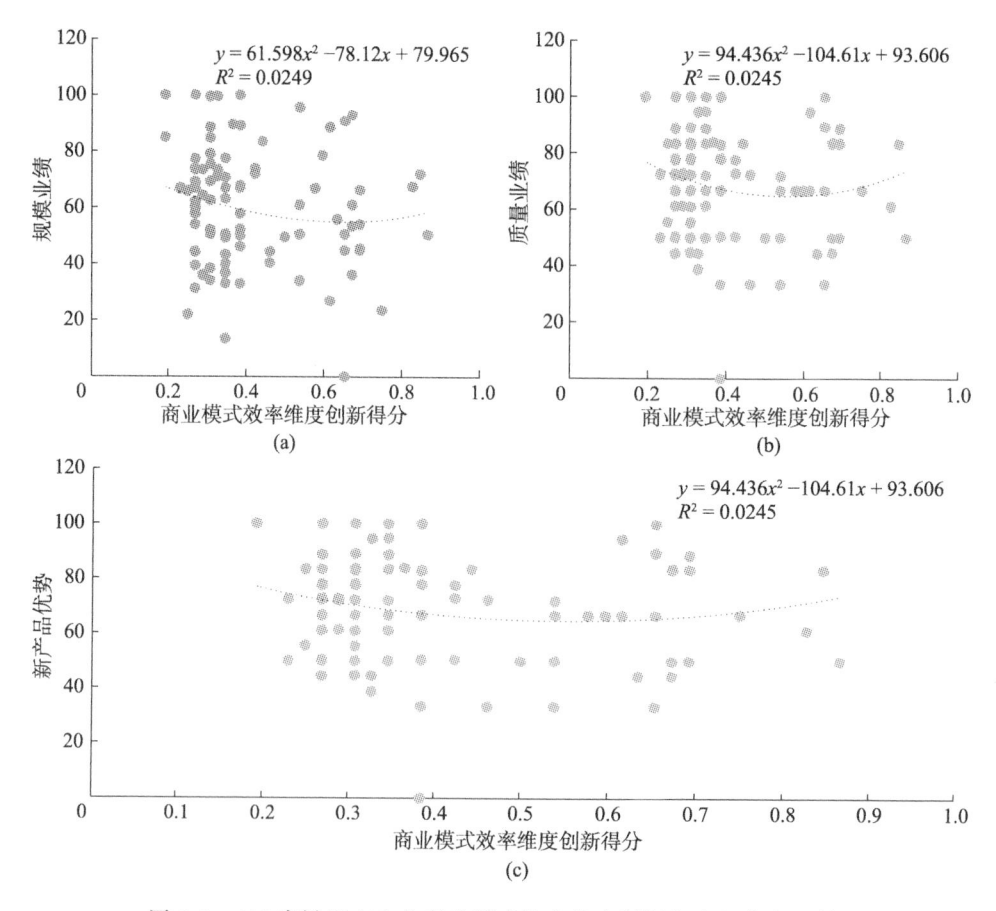

图 6-1 101 家被调查企业商业模式效率维度创新与企业竞争业绩

效率维度创新作用于规模、质量和新产品优势的关系一致性再次验证了商业模式效率维度创新产生竞争优势的可能机理：一旦企业从挑战行业成本规则入手，那么只有在企业与外部利益相关者交易结构的成本出现整体性下降时，才有可能塑造企业相对于行业内其他企业的成本优势，并且只有在这一条件下，企业产品或服务销售规模和市场占有率才可能产生针对竞争者的大规模挤出效应，借助规模经济优势来进一步提升成本优势，从而塑造企业在行业内的盈利能力优势。事实上，这进一步验证了前一部分针对效率维度创新的短期业绩影响分析的观点，企业在效率维度的适度创新很可能使企业卷入竞争泥潭，既招致竞争又无力对抗竞争，特别是在 IT 行业，不少企业借助互联网和信息技术释放的技术红利来谋求局部效率优势的做法，可能恰恰是最为危险的，特别是在长期内也许会给企业带来灭顶之灾，共享单车就是最为鲜明的事例。更为重要的是，效率维度创新作用于新产品优势的"U"形曲线关系反映出了效率维度创新与新颖维度创新之间的互动强化，在效率维度高度创新诱发企业成本竞争优势时，有可能进一步推动企业在产品或服务方面创新的能力。

6.2.2 商业模式新颖维度创新与企业竞争业绩

新三板 IT 企业商业模式新颖维度创新对不同竞争业绩指标的作用机制存在着差异，这一差异具有重要的管理启示。商业模式新颖维度创新与规模业绩呈现为"U"形曲线关系但与质量业绩和新产品优势之间呈现为正向线性关系：在新颖维度创新水平较低时，商业模式新颖维度创新可能并不能给企业带来竞争优势，甚至有可能带来竞争劣势而有损于企业业绩，但在新颖维度创新水平经历某个拐点（从散点图中判断，创新得分很可能在 0.30～0.50 之间）之后进一步提升时，创新有可能会给企业带来竞争优势进而提升企业业绩，见图 6-2。

新颖维度创新作用于规模业绩的"U"形曲线关系及其作用于质量业绩和新产品优势的线性关系再次验证了商业模式新颖维度创新产生竞争优势的可能机制：一旦企业从挑战行业价值规则入手，那么产品或服务创新就是商业模式新颖维度创新的关键所在，因为产品或服务创新不仅可以提升其毛利率水平进而有助于塑造企业盈利优势，而且有助于产生相对于行业内其他企业的高附加值优势进而产生竞争性挤出与扩散效应，最终使企业形成在销售收入、总收入和市场份额等方面相对于竞争对手的竞争优势。与效率维度的商业模式创新相比较，新颖维度创新的红利效应可能会更加显著，因为以产品或服务为载体的价值创新有可能会弥补企业价值创造方式创新不足的劣势，从而使新颖维度的适度创新企业尽管不会产生显著的竞争优势，但相对于效率维度的适度创新企业而言，被卷入竞争泥潭的可能性更小。

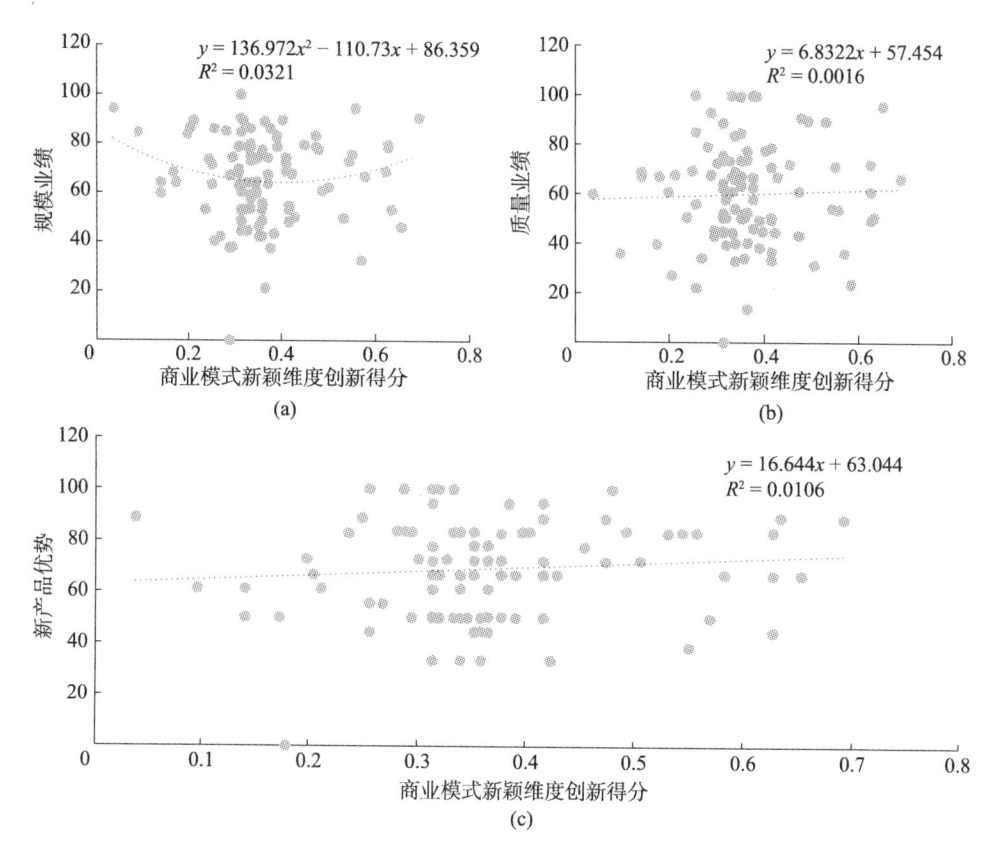

图 6-2　101 家被调查企业商业模式新颖维度创新与企业竞争业绩

6.3　商业模式创新与企业战略能力

　　商业模式创新有可能会在长期内塑造企业的战略能力，这也是商业模式创新诱发竞争优势的重要机制。例如，戴尔公司在个人计算机行业内的商业模式创新在长期内塑造了戴尔公司以供应链管理为核心的战略能力，这一能力优势在根本上不同于其他主流个人计算机厂商，这也是不少个人计算机厂商难以模仿戴尔公司的商业模式与之正面竞争的重要原因。但无论是理论还是实践，对于这一问题都没有予以足够关注。

　　在战略能力方面，主要考察了两个方面的六项指标：一是企业面向外部的战略能力，这一能力有助于提升企业影响甚至控制外部环境的能力，包括市场营销能力、市场扩张能力和产品定价能力；二是企业面向内部的战略能力，这一能力有助于提升企业资源和能力独特性优势，包括技术能力、信息处理能力和管理能力。从统计角度看，问卷指标具有很好的信度，进一步将六项指标分别聚合成外部能力和内部能力两个因子用于分析，见表 6-4。

表 6-4　101 家被调查企业战略能力指标的描述性分析

	指标	最小值	最大值	均值	标准差	因子载荷	信度系数
外部能力	市场营销能力	1	7	5.03	1.459	0.872	
	市场扩张能力	2	7	4.98	1.385	0.917	0.797
	产品定价能力	3	7	5.11	1.122	0.733	
内部能力	技术能力	3	7	5.69	1.017	0.633	
	信息处理能力	3	7	5.48	1.064	0.902	0.736
	管理能力	2	7	5.40	1.141	0.875	

6.3.1　商业模式效率维度创新与企业战略能力

商业模式效率维度创新有助于塑造企业战略能力，但对于外部能力和内部能力的提升路径存在着差异，这一差异具有重要的管理启示，见图 6-3。商业模式效率维度创新有助于提升企业的外部能力，两者之间存在着正向的线性作用关系。这一结果与商业模式效率维度创新的本质相契合，对于商业模式效率维度创新而言，规模优势是对成本优势的补充，但成本优势并不必然带来规模优势，规模优势往往来自企业在市场营销、市场扩张和产品定价等方面能力的提升。这一结果还可能意味着：企业外部能力可能调节着商业模式效率维度创新与企业战略能力的关系，在企业外部能力较高的情况下，商业模式效率维度创新与企业战略能力的促进作用关系可能会得到强化，构成商业模式效率维度创新与企业战略能力作用关系拐点的驱动力量。

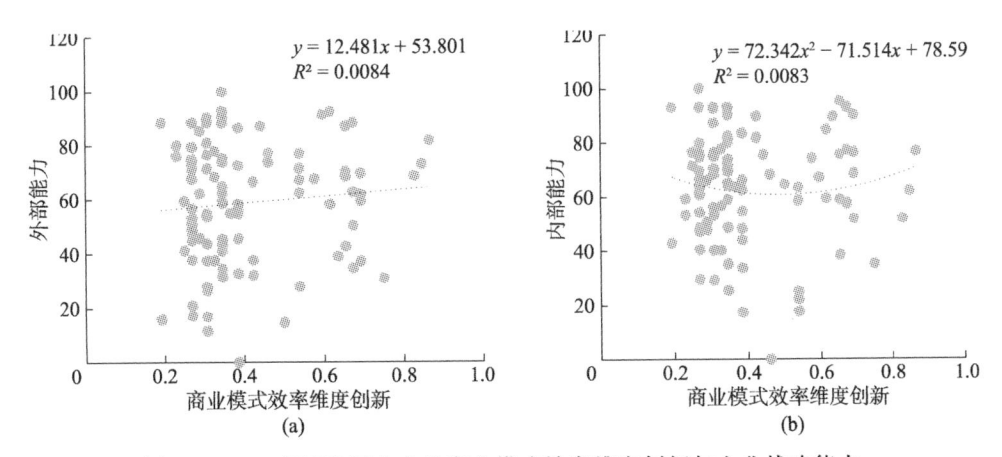

(a) $y = 12.481x + 53.801$, $R^2 = 0.0084$

(b) $y = 72.342x^2 - 71.514x + 78.59$, $R^2 = 0.0083$

图 6-3　101 家问卷调查企业商业模式效率维度创新与企业战略能力

商业模式效率维度创新与企业内部能力呈现为"U"形曲线关系，也就是说，在商业模式效率维度创新水平较低的情况下，随着商业模式效率维度创新水平的提升，企业内部能力反而会被削弱，而在商业模式效率维度创新高出了某个拐点（从散点图判断，拐点很可能是在 0.40~0.60 之间）之后，商业模式效率维度创新水平提升有可能会快速提升企业内部能力水平。这一结果表明：一旦企业决定从挑战行业成本规则入手，就意味着打破企业既有的内部能力，这种能力包括企业既有的技术体系、信息处理流程以及管理系统，随着企业商业模式效率维度创新水平的提升，企业内部能力才得以重新建立，同时这一内部能力系统可能与商业模式的效率维度创新高度匹配，创新水平提升往往意味着企业新的内部能力的快速提升。

6.3.2 商业模式新颖维度创新与企业战略能力

商业模式新颖维度创新有助于塑造并提升企业战略能力，但对于外部能力和内部能力的提升路径存在着差异，这一差异具有重要的管理启示，见图 6-4。商业模式新颖维度创新与企业外部能力之间呈现为"U"形曲线关系，在商业模式新颖维度创新水平较低的情况下，随着商业模式新颖维度创新水平的提升，企业外部能力反而会被削弱，而在商业模式新颖维度创新高出了某个拐点（从散点图判断，拐点很可能是在 0.30~0.50 之间）之后，商业模式新颖维度创新水平提升有可能会快速提升企业外部能力水平。这一结果表明：一旦企业决定从挑战行业价值规则入手，就意味着打破企业既有的外部能力体系，这种能力包括市场营销能力、市场扩张能力和产品定价能力，随着企业商业模式新颖维度创新水平的提升，企业会逐步学习并建立针对创新性产品或服务的企业外部能力，创新水平提升往往意味着企业新的外部能力的迅速提升。

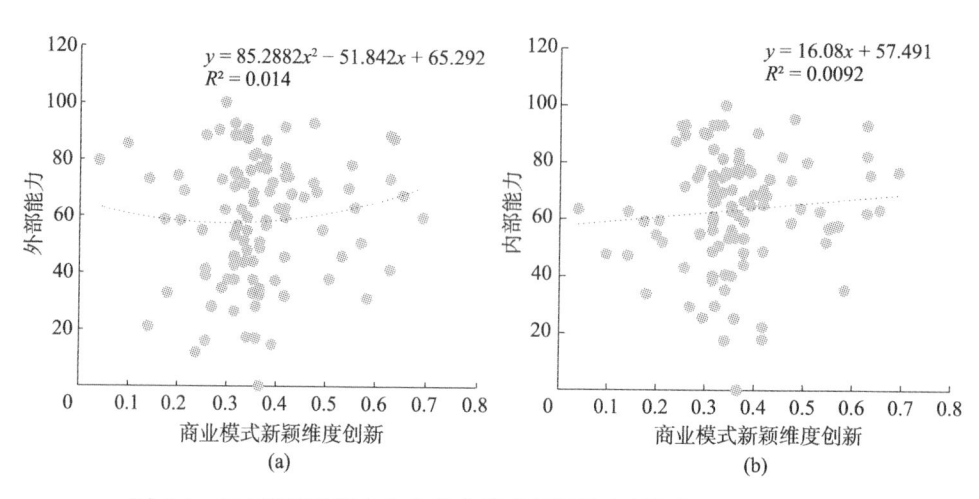

(a) $y = 85.2882x^2 - 51.842x + 65.292$，$R^2 = 0.014$

(b) $y = 16.08x + 57.491$，$R^2 = 0.0092$

图 6-4　101 家问卷调查企业商业模式新颖维度创新与企业战略能力

商业模式新颖维度创新有助于提升企业的内部能力，两者之间存在着正向的线性作用关系。这一结果与商业模式新颖维度创新的本质相契合，对于商业模式新颖维度创新而言，产品或服务创新是切入点，而产品或服务创新需要企业内部的技术能力、信息处理能力予以支撑，创新价值创造方式是重点，在此时管理能力就起到了非常重要的作用，商业模式新颖维度创新水平的提升，也自然会促进企业内部能力提升。这一结果还可能意味着：企业内部能力可能调节着商业模式新颖维度创新与企业战略能力的关系，在企业内部能力较高的情况下，商业模式新颖维度创新与企业战略能力的促进作用关系可能会得到强化，构成新颖维度商业模式创新与企业战略能力作用关系拐点的驱动力量。

综上所述，商业模式创新意味着企业能力破坏基础上的快速重构，并最终会显著提升企业的战略能力。更为重要的是，商业模式创新有可能需要企业能力支撑，针对商业模式效率维度创新而言，企业外部能力显得非常重要，但其挑战在于如何以更低的代价破坏企业内部能力并且如何以更快的速度重构和提升企业内部能力。对于商业模式新颖维度创新而言，企业内部能力就显得非常重要，但其挑战在于如何以更低的代价破坏企业外部能力并且如何以更快的速度重构和提升企业外部能力。

6.4 商业模式创新与企业决策挑战

商业模式创新的系统性和复杂性导致企业高管会面临更严峻的决策挑战，这一挑战有可能会诱发高管团队层面冲突管理复杂性。冲突意味着群体之间观点不一致但又必须要取得某种共识的紧张状态，其达成共识的途径差异赋予了冲突的价值逻辑：第一种途径是群体在共商合作中达成共识，这样的冲突对于群体行动极其有利，可促进群体的相互了解和行动协同；第二种途径是群体在压制武断中达成共识，这样的冲突对于群体行动极其有害，因为不仅会降低群体成员未来决策中沟通与交流的意愿，还会降低群体在行动中的协同效果。在商业模式创新情境下，基于决策事项的多样性和频繁性，高管团队成员之间的分歧难以避免，冲突因此而随处可见，因此有可能会对高管团队决策效果以及稳定性等产生重要影响。

在冲突方面，考察了两个方面的九项指标：一是合作式冲突，这种冲突意味着在共商合作中达成共识，冲突本身有助于高管团队加深理解和行动协同；二是竞争式冲突，这种冲突意味着在压制武断中达成共识，冲突本身对于高管团队的互动与协同有害。从统计角度看，问卷指标具有很好的信度，进一步将九项指标分别聚合成合作式冲突和竞争式冲突两个因子用于分析，见表6-5。

表 6-5　101 家被调查企业高管冲突指标的描述性分析

指标		最小值	最大值	均值	标准差	因子载荷	信度系数
合作式冲突	整体氛围	3	7	6.25	0.921	0.824	0.782
	有利方案	2	7	5.52	1.197	0.700	
	解决问题	1	7	5.09	1.422	0.612	
	坚持理想	4	7	6.23	0.859	0.821	
	角色分工	4	7	6.12	0.840	0.816	
竞争式冲突	说服他人	1	7	4.29	1.402	0.758	0.764
	他人让步	1	6	3.34	1.485	0.857	
	非赢即输	1	6	2.56	1.438	0.770	
	固执己见	1	7	2.31	1.355	0.667	

6.4.1　商业模式效率维度创新与企业决策挑战

商业模式效率维度创新有可能会给高管带来决策挑战，进而影响到高管团队的冲突管理。首先，商业模式效率维度创新与高管团队合作式冲突之间呈现为倒"U"形曲线关系，在商业模式效率维度创新水平较低时，效率维度创新水平越高越有助于促进高管团队的合作式冲突，而在商业模式效率维度创新高出了某个拐点（从散点图判断，拐点很可能是在 0.50~0.60 之间）之后，商业模式效率维度创新水平越高反而会抑制高管团队的合作式冲突。其次，商业模式效率维度创新与高管团队竞争式冲突之间呈现为负向的线性关系，商业模式效率维度创新程度越高，其竞争性冲突水平就越低（图 6-5）。

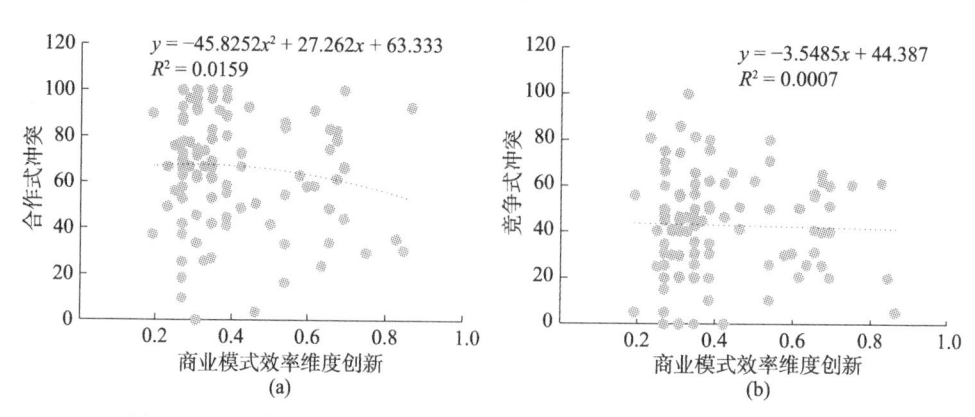

图 6-5　101 家问卷调查企业商业模式效率维度创新与企业决策挑战

这一结果表明，商业模式效率维度创新给高管团队带来的决策挑战更小，似乎更有利于促进高管团队的协同和整合，因为总体来看，商业模式效率维度创新水平越高，高管团队越倾向于在共商中取得共识（尽管在高创新水平条件下合作程度会较低创新水平下更低），同时越不倾向于在压制武断中采取决策行动。可能的解释是，商业模式效率维度创新主要涉及企业价值创造体系的成本优化，大部分决策可能并不会是方向性的，而是操作性的，因此决策诱发的冲突也更多地侧重于高管团队负责的职能领域事务，更加有利于高管团队之间的协作。

6.4.2 商业模式新颖维度创新与企业决策挑战

商业模式新颖维度创新有可能会给高管带来决策挑战，进而影响到高管团队的冲突管理。首先，商业模式新颖维度创新与高管团队合作式冲突之间呈现为"U"形曲线关系，在商业模式新颖维度创新水平较低时，新颖维度创新水平越高越可能抑制高管团队的合作式冲突，而在商业模式新颖维度创新高出了某个拐点（从散点图判断，拐点很可能是在 0.30~0.50 之间）之后，商业模式新颖维度创新水平越高越有助于促进高管团队的合作式冲突。其次，商业模式新颖维度创新与竞争性冲突之间呈现为向右偏移的倒"U"形关系，在商业模式新颖维度创新水平较低时，新颖维度创新水平越高越有可能诱发高管团队的竞争式冲突，而在商业模式新颖维度创新高出了某个拐点（从散点图判断，拐点很可能是在 0.30~0.50 之间）之后，商业模式新颖维度创新水平越高越有可能会抑制高管团队的竞争式冲突（图6-6）。

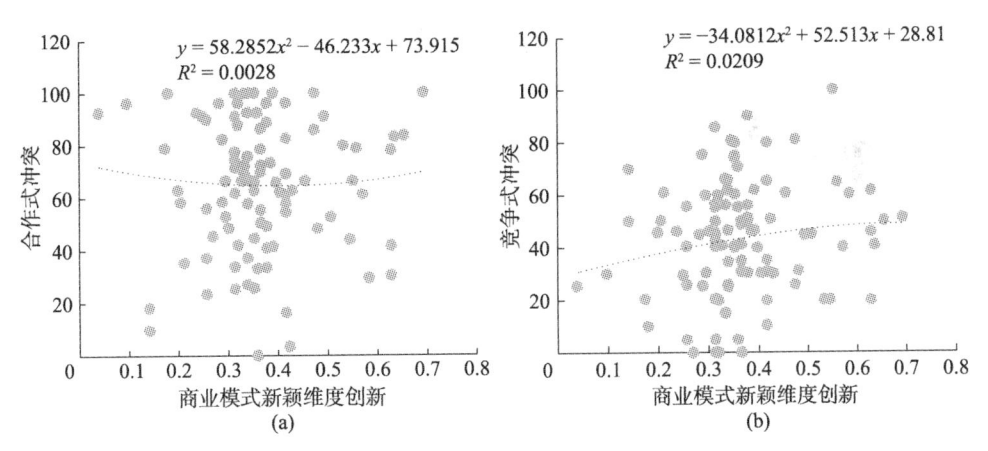

图 6-6 101 家问卷调查企业商业模式新颖维度创新与企业决策挑战

这一结果表明，商业模式新颖维度创新给高管团队带来了严峻的决策挑战，似乎不太有利于促进高管团队的协同和整合，因为总体来看，商业模式新颖维度创新水平越高，高管团队越倾向于在压制武断中采取决策行动（尽管在高创新水平条件下竞争程度会较低创新水平下更低），同时越不倾向于共商中取得共识。可能的解释是，商业模式新颖维度创新主要涉及企业所创造价值以及价值创造系统创新，大部分决策可能因创新的多种可能性而缺乏明确的决策标准，基于不同职能领域，高管成员之间可能会产生更多的决策分歧，更有可能诱发竞争而压制合作。

第 7 章

主要结论与管理启示

利用955家新三板IT企业的编码数据以及其中101家企业的调查数据,我们重点分析了企业领导班子(董事会与高管团队)特征对于新三板IT企业经营和业绩的影响,基于数据分析结果,可以提炼出一些重要的结论、启示和建议。

7.1 企业领导班子的人文结构是产生企业业绩差异的重要原因

企业领导班子建设是管理的重点,在大多数情况下,大多数企业家在班子建设时会更加关注企业领导班子的能力结构,而对于领导班子建设中的人文结构重视不足。尽管可能会出乎意料,企业家的领导班子建设更多地表现为社会理性而非经济理性过程,企业领导班子在企业经营中的互动(包括集体决策、集体讨论和分工协调)也更多地表现为人际互动过程,正因为此,无论是在董事会层面还是在高管团队层面,我们都发现企业领导班子的人文结构是导致企业业绩差异的重要原因。

7.1.1 企业领导班子性别结构影响企业经营和业绩的双重均衡效应

基于董事会性别结构的分析,可以发现企业领导班子性别结构影响企业业绩的均衡效应。尽管女性高管已经大量涌现,但结果表明存在女性高管介入的企业在业绩上仍然相对于无女性高管介入企业更低,这很难归结为男性高管的能力素质要优于女性高管,更加直接的原因是,在企业领导班子层面,女性高管介入诱发了性别异质性,而性别异质性有可能会给企业领导班子决策和互动质量产生重要影响。在存在女性高管介入的董事会或高管团队,男女数量越趋近于均衡,企业业绩越高,这样的企业业绩会显著优于男性主导或女性主导的董事会和高管团队领衔的企业。

"男女搭配,干活不累",这句俗语表达的是性别差异带来的互补效应。但在企业领导层,基于决策和互动的复杂性和挑战性,男女性别视角的差异反而有可能会给决策过程带来麻烦，特别是在男女性别比非均衡的情况下，性别差异可能并不会带来决策和互动中的互补效应，反而会因为基于性别的社会期待和刻板效应而给企业领导班子决策和互动带来成本和障碍，如基于男性主导而女性从属的社会期待，处于数量劣势的女性有可能会被激发出强烈的社会对抗，诱发决策中的人际冲突反而不利于决策质量提升。正因为此，在性别比均衡的情况下，基于性别的社会期待和刻板效应在力量上处于均衡状态，才不会诱发企业领导班子基于性别的角色冲突，性别差异才会产生企业决策中的互补效应。

第二，基于董事会性别结构的分析，可以发现企业领导班子性别结构影响企业经营的均衡效应。整体来看，与高管团队相比较，董事会性别结构对于企业经营的影响力更加突出。在董事会层面，无女性介入的董事会在经营上更注重长期导向，更注重产品或服务创新和技术研发，无女性介入的董事会领衔的企业的产品或服务创新性、著作权和专利数量均显著高于有女性介入的董事会领衔的企业，并且随着董事会女性占比的提升，企业产品或服务创新性、著作权和专利数量逐次下降。这一结果表明，与女性相比较，男性在经营上似乎表现出更强烈的长期导向。在存在女性高管介入的董事会，男女数量越趋近于均衡，企业经营的长期导向水平越低。

但在 955 家企业中，企业领导班子的性别比失衡现象非常普遍，在董事会层面比高管团队层面的性别比失衡现象更加突出。在董事会层面，总共有 422 家企业（占比 44%）男女性别比失衡，在高管团队层面，有 255 家企业（占比 27%）男女性别比失衡。这一现象要引起重视。

7.1.2 企业领导班子年龄结构影响企业业绩的跨代效应

基于董事会和高管团队年龄结构的分析，可以发现企业领导班子年龄结构影响企业业绩的跨代效应。整体来看，955 家新三板 IT 企业领导班子以年轻化为基本特征：董事会平均年龄均值为 42 岁、高管团队平均年龄均值为 40 岁，但不同企业领导班子平均年龄的跨度极大，董事会平均年龄区间为 29～59 岁，高管团队平均年龄区间为 27～58 岁。以平均年龄为依据，可以看出 955 家新三板 IT 企业领导班子包括"60 后""70 后""80 后"等不同代际人群，不同代际人群经营企业的业绩存在着显著性差异：在软件和信息技术服务业，以"60 后"和"70 后"为主导的董事会和高管团队领衔企业的业绩要优于"80 后"为主导的董事会和高管团队领衔企业；在互联网和相关服务行业，"80 后"为主导的董事会和高管团队领衔企业的业绩要优于"60 后"和"70 后"为主导的董事会和高管团队领衔企业。

更为重要的是，年龄结构影响企业业绩的跨代效应还表现在企业领导班子成员之间年龄差距对企业业绩的影响。无论是在软件和信息技术服务业还是在互联网和相关服务行业，企业领导班子成员（包括董事会与高管团队）在代际内的适度差异有助于提升企业业绩,而跨代际的高度差异则有损于企业业绩。换句话说,跨代成员组成的董事会或高管团队("60后""70后""80后"之间跨两代或三代人所构成的董事会或高管团队)领衔企业的业绩往往更低(图7-1)。

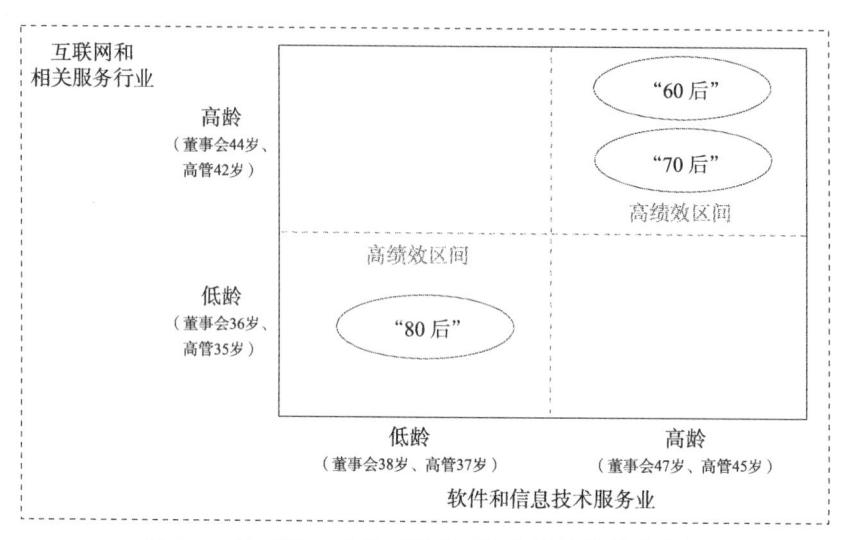

图 7-1　新三板 IT 企业领导班子跨代结构的绩效效应

7.1.3　企业领导班子学历结构影响企业业绩的格局效应

基于董事会和高管团队学历结构的分析,可以发现企业领导班子学历结构影响企业业绩的格局效应。整体来看,955家新三板IT企业领导班子以高学历人群主导为基本特征:有1646位董事(占比33%)具有硕士或博士学位、有945位高管(占比27%)具有硕士或博士学位。但不同企业领导班子的学历结构差异极大:在董事会层面,有205家企业(占比21.5%)董事会中没有高学历董事,有88家企业(占比9.2%)董事会中高学历董事占80%以上;在高管团队层面,有383家企业(占比40.1%)高管团队中没有高学历高管,有32家企业(占比3.4%)高管团队中高学历高管占80%以上。整体来看,在IT行业领域,高学历意味着专业知识优势,这一专业知识优势诱发了强烈的格局效应,有助于改善企业领导班子的决策质量进而提升企业业绩,无论是董事会还是高管团队,高学历人员占比越高,企业业绩表现就越好。

7.2　企业领导班子的经验结构是产生企业经营差异的重要原因

企业领导班子的经验结构似乎不是导致企业业绩差异的重要因素,但却是导致企业经营思路差异的关键因素。特别是企业领导班子的经验相关度和经验来源特征对于企业经营思路产生了重要影响。

7.2.1 企业领导班子先前相关工作经验结构影响企业经营的分化效应

基于董事会和高管团队先前工作经验相关性的分析，可以发现企业领导班子相关经验结构影响企业经营的分化效应。整体来看，无论是董事会还是高管团队，依据先前平均相关工作经验可以将955家新三板IT企业划分为三类：第一类是内行型领导班子，领导班子有着丰富的行业内工作经验；第二类是内外行组合型领导班子，领导班子中有些成员具备行业内工作经验而另一些却没有；第三类是外行型领导班子，领导班子没有任何行业内工作经验。不同类型的企业领导班子在企业经营战略上出现了显著差异：内行型企业领导班子和外行型企业领导班子在企业经营上具有更强的长期导向，而内外行组合型企业领导班子则更倾向于短期导向，内行型企业领导班子以产品或服务创新为经营重点并形成了产品或服务优势；外行型企业领导班子以著作权或专利开发为经营重点形成了技术优势；内外行组合型企业领导班子则在企业经营方面缺乏明显优势，无论是产品或服务还是技术都相较其他两类存在劣势。

7.2.2 以私企和国企背景为主导的董事会在企业经营上的短期导向

基于董事会先前工作经验来源结构的分析，可以发现以私企和国企背景为主导的董事会导致企业经营的短期导向。整体来看，先前工作单位类型低多样性董事会成员的工作经历集中于私企或国企；先前工作单位类型适度多样性董事会成员的工作经历以私企或国企为主导，同时涵盖外资和合资等其他单位类型；先前工作单位类型高度多样性董事会成员的工作经历分布更广，同时私企或国企并非其主导工作经历。以私企或国企背景为主导的董事会在企业经营方面更倾向于短期导向：高度多样性董事会领衔企业的产品或服务创新水平要远远高于低多样性和适度多样性，而适度多样性和低多样性董事会领衔企业的产品或服务创新性没有差异；高度多样性董事会领衔企业在著作权和专利数量方面的技术优势要远远高于低多样性企业。

7.2.3 以私企和合资背景为主导的高管团队在企业经营上的短期导向

基于高管团队先前工作经验来源结构的分析，可以发现以私企和合资背景为主导的高管团队会导致企业经营的短期导向。整体来看，先前工作单位类型低多样性高管团队成员的工作经历集中于私企或合资企业；先前工作单位类型适度多样性高管团队成员的工作经历以私企或合资为主导，同时涵盖其他单位类型；先前工作单位类型高度多样性高管团队成员的工作经历分布更广，同时私企或合资并非其主导工作经历。以私企或合资背景为主导的高管团队在企业经营方面更倾向于短期导向；高度多样性高管团队领衔企业的产品或服务创新性要远远高于低多样性和适度多样性，而适度多样性和低多样性高管团队领衔企业的产品或服务创新性没有差异；高度多样性高管团队领衔企业在著作权和专利数量等方面的技术优势要远远高于低多样性企业。

7.3 商业模式创新的漏斗效应及其业绩影响

商业模式是企业创造并获取价值的基础架构，这一基础架构可以简单描述为企业与外部利益相关者之间的交易结构。商业模式创新则意味着企业创造并获取价值的基础架构相较行业其他企业的系统性而非局部性差异化，主要包括两个战略性方向：一个是商业模式效率维度创新，即通过重塑企业与外部利益相关者之间的交易结构来谋求系统性的成本领先，挑战行业的成本规则；另一个是商业模式新颖维度创新，即通过重塑企业与外部利益相关者的交易结构来谋求价值创新领先，挑战行业的价值规则。在IT行业领域，互联网和信息技术的广泛应用驱使商业模式创新成为大多数企业都可以尝试并正在尝试的举动，但真正做到全局性和系统性创新的企业却并不多，甚至商业模式创新在短期内意味着业绩劣势而不是优势。

7.3.1 新三板IT企业商业模式创新的漏斗效应

基于互联网和信息技术的技术红利，商业模式创新在IT行业领域变得十分普遍，但真正实现全局性创新的企业并不多，商业模式创新表现出了典型的漏斗效应。在955家企业中，895家企业（占比94%）尝试谋求商业模式效率维度创新；有865家企业（占比91%）的企业尝试谋求商业模式新颖维度创新。这两组数据说明，针对新三板IT企业而言，商业模式创新几乎成为一种共识性行动。但是，在尝试商业模式效率维度创新的895家企业中，仅有281家企业（占比31%）在商业模式效率维度实现了全局性的高度创新，剩余的614家企业（占比69%）停留在商业模式效率维度的局部创新。在尝试商业模式新颖维度创新的865家企业中，仅有152家企业（占比18%）在商业模式新颖维度实现了全局性的高度创新，剩余的713家企业（占比82%）停留于商业模式新颖维度的局部创新。

这一结果表明，商业模式创新是基于企业与外部利益相关者交易结构的系统性而非局部变动，无论是效率维度还是新颖维度，谋求局部性变动不是难事，但谋求系统性的变动非常困难。更加重要的是，对于商业模式创新而言，无论是效率维度还是新颖维度，与没有创新比较，适度创新的企业可能会面临着双重竞争压力，第一重是高度创新企业带来的竞争压力，第二重是来自适度创新区间内企业之间的竞争压力。进一步判断，与战略层面创新相比较，商业模式创新的不确定性更强，高收益和高风险并存，其高收益表现为实现高度创新后塑造商业模式优势带来的超额租金；高风险表现为实现商业模式全局性创新的高度不确定性。商业模式创新更不容许骑墙！

7.3.2 新三板 IT 企业商业模式创新的短期业绩损失效应

尽管不少理论和实践都强调，商业模式创新有助于为企业带来竞争优势进而获取超额利润。但基于数据的统计分析发现，商业模式创新的成本不容小觑，甚至在短期内会产生业绩损失效应，特别是企业净利润的短期损失效应非常显著。无论是新颖维度还是效率维度，在短期来看，创新都意味着利润损失，与商业模式没有创新企业相比较，商业模式创新企业的净利润水平反而更低。更为重要的是，商业模式不同维度创新诱发短期业绩损失效应的机制各不相同：效率维度创新短期业绩损失效应来自客户规模在短期内的增速难以弥补价格下降带来利润损失；新颖维度创新短期业绩损失效应则来自产品或服务创新难以在短期内形成相对于竞争产品或服务的大规模替代效应。

7.3.3 新三板 IT 企业商业模式创新的非均衡业绩增长效应

基于 101 家企业调查数据的统计分析，无论是效率维度还是新颖维度，不同创新程度对长期业绩的影响呈现为非均衡效应，与适度创新相比较，高度创新企业可享受商业模式创新带来的超额租金。具体而言，在商业模式效率维度，只有在企业实现全局性的高度创新条件下，创新程度增加会产生显著的业绩增效，商业模式效率维度创新程度越高，企业规模业绩、质量业绩和新产品优势都会出现显著性提升，但在企业停留在局部性的适度创新状态时，创新程度增加反而会产生业绩损失效应，商业模式效率维度创新程度越高，企业规模业绩、质量业绩和新产品优势都会出现显著性下滑。在商业模式新颖维度，只有在实现全局性的高度创新条件下，创新程度增加会产生显著的规模业绩增效，商业模式效率维度创新程度越高，企业规模业绩因此而显著性提升，但在企业停留在局部性的适度创新状态时，创新程度增加反而会产生规模业绩损失效应，商业模式效率维度创新程度越高，企业规模业绩反而会出现显著性下滑。

7.4 商业模式创新的动力机制和阻力机制

商业模式创新是动力机制和阻力机制共同作用的结果，恰恰是因为动力机制和阻力机制同时存在并共同作用，才产生了商业模式创新的漏斗效应。换句话说，与商业模式局部性适度创新相比较，商业模式高度创新企业并不是商业模式创新的动力机制更强，而是克服了阻力机制约束的结果。

7.4.1 企业领导班子持股总和是阻碍商业模式创新的主要因素

商业模式创新在短期内意味着净利润损失，企业领导班子持股总和就成为阻碍商业模式创新的主要因素。具体而言，企业领导班子持股人数和持股总和越高，在是否创新商业模式方面的决策就因站在损失立场而更注重风险规避，越不倾向于做出创新商业模式的决策。企业领导班子对于商业模式新颖维度与效率维度创新的风险容忍度相似，但对于新颖和效率维度同时创新的风险容忍度最低。新颖主导企业董事会持股总和以及高管团队持股总和平均值都显著高于高水平创新平衡企业，效率主导企业董事会持股总和平均值显著高于高水平创新平衡企业。

7.4.2 商业模式创新的动力机制来自上下联动的信息和知识机制

商业模式创新是自下而上的信息机制作用的结果。企业领导班子所能获取的信息特征会影响商业模式创新路径：第一，企业领导班子从企业中层管理所获取的与企业日常运营相关信息的多样性和全面性越高，越有利于与商业模式效率维度创新但不利于新颖维度创新。第二，企业高管团队所能获取的来自企业基层的技术信息越丰富、信息质量越高，越有利于促进商业模式的新颖维度创新而不利于效率维度创新。第三，企业领导班子所能接触市场信息多样性是触发商业模式创新的前提，但并不是决定商业模式创新路径的关键因素，这意味着，商业模式创新起源于对市场信息的关注，但其本质在于超越和引领市场信息而不是依赖于市场信息来谋求创新，因为对于新颖维度而言，消费者可能并不知道他们到底想要什么，而对于效率维度而言，消费者可能并不关心如何能以更加节约的方式满足可感知需求。

在知识机制方面，企业领导班子知识结构可能会左右其商业模式创新路径。董事会层面的行业内经验深度可能会阻碍商业模式效率维度创新但会促进商业模式新颖维度创新，与之相类似的是，高管团队层面的工作经验深度会阻碍商业模式效率维度创新但会促进商业模式新颖维度创新。换句话说，站在知识角度，效率维度的创新可能意味着行业外知识的创造性应用，参考其他行业的做法来优化企业价值创造系统，在行业内过分嵌入有可能会诱发经验陷阱，将现状视为理所当然而禁锢创新。新颖维度的创新可能意味着行业内知识与技术信息的创造性组合，基于行业内的特殊化知识来定义新的价值趋势，在行业内的深度浸染更有助于创造性解读来自市场和技术等方面的信息，推动企业以新的价值创造系统来创造新的价值。企业领导班子具有适度行业内工作经验水平时，最有可能同时推动商业模式的效率和新颖维度的高水平创新，而诱发这一协同效应的关键仍然在于企业领导班子所接触到的技术信息的多样性和全面性。

7.5 商业模式不同维度创新的管理重点

商业模式效率维度和新颖维度创新存在着本质差异，前者意味着成本的系统性优化，而后者则意味着采用新的价值创造系统来创造新价值。基于这一差异，不同维度创新的管理重点自然存在差异，主要体现为战略能力和决策挑战两个方面。

7.5.1 商业模式不同维度创新意味着不同的战略能力管理路径

商业模式创新会重塑并提升企业战略能力。这一战略能力可以分为两个方面：第一是企业面向外部的战略能力，这一能力有助于提升企业影响甚至控制外部环境的能力，包括市场营销能力、市场扩张能力和产品定价能力；第二是企业面向内部的战略能力，这一能力有助于提升企业资源和能力独特性优势，包括技术能力、信息处理能力和管理能力。

企业外部能力是支撑商业模式效率维度创新的基础，而企业内部能力重塑是商业模式效率维度创新的管理重点。一旦企业决定从挑战行业成本规则入手，就意味着打破企业既有的内部能力，这种能力包括企业既有的技术能力、信息处理能力以及管理能力系统，随着企业商业模式效率维度创新水平的提升，企业内部能力才得以重新建立，同时这一内部能力系统可能与商业模式的效率维度创新高度匹配，创新水平提升往往意味着企业新的内部能力的快速提升。

企业内部能力是支撑商业模式新颖维度创新的基础，而企业外部能力重塑是商业模式新颖维度创新的管理重点。一旦企业决定从挑战行业价值规则入手，就意味着打破企业既有的外部能力体系，这种能力包括市场营销能力、市场扩张能力和产品定价能力，随着企业商业模式新颖维度创新水平的提升，企业会逐步学习并建立针对创新性产品或服务的企业外部能力，创新水平提升往往意味着企业新的外部能力的迅速提升。

7.5.2 商业模式新颖维度创新更依赖于企业领导班子的凝聚力

商业模式效率维度创新给高管团队带来的决策挑战更小，似乎更有利于促进高管团队的协同和整合，因为总体来看，商业模式效率维度创新水平越高，高管团队越倾向于在共商中取得共识（尽管在高创新水平条件下合作程度会较低创新水平下更低），同时越不倾向于在压制武断中采取决策行动。商业模式新颖维度创新给高管团队带来了严峻的决策挑战，似乎不太有利于促进高管团队的协同和整合，因为总体来看，商业模式新颖维度创新水平越高，高管团队越倾向于在压制武断中采取决策行动（尽管在高创新水平条件下竞争程度会较低创新水平下更低），同时越不倾向于共商中取得共识。

参 考 文 献

迟考勋, 薛鸿博, 杨俊, 等. 2016. 商业模式研究中的认知视角述详与研究框架构建. 外国经济与管理, 38(15): 3-17.

韩炜, 杨俊, 胡新华, 等. 2021. 商业模式创新如何塑造商业生态系统属性差异?——基于两家新创企业的跨案例纵向研究与理论模型构建. 管理世界, 37(1): 88-107, 7.

杨俊, 迟考勋, 薛鸿博, 等. 2016. 先前图式、意义建构与商业模式设计. 管理学报, 13(8): 1199-1207.

杨俊, 薛鸿博, 牛梦茜. 2018. 基于双重属性的商业模式构念化与研究框架建议. 外国经济与管理, 40(4): 96-109.

杨俊, 张玉利, 韩炜, 等. 2020. 高管团队能通过商业模式创新塑造新企业竞争优势吗?——基于 CPSED Ⅱ 数据库的实证研究. 管理世界, 36（7）: 55-77, 88.

云乐鑫, 杨俊, 张玉利. 2014. 基于海归创业企业创新型商业模式原型的生成机制. 管理学报, 11(3): 367-375.

张敬伟, 王迎军. 2011. 商业模式与战略关系辨析: 兼论商业模式研究的意义. 外国经济与管理, 33(4): 10-18.

Adner R, Kapoor R. 2010. Value creation in innovation ecosystems: how the structure of technological interdependence affects firm performance in new technology generations. Strategic Management Journal, 31(3): 306-333.

Amit R, Han X. 2017. Value creation through novel resource configurations in a digitally enabled world. Strategic Entrepreneurship Journal, 11(3): 228-242.

Amit R, Zott C. 2001. Value creation in E-business. Strategic Management Journal, 22(6/7): 493-520.

Amit R, Zott C. 2015. Crafting business architecture: the antecedents of business model design. Strategic Entrepreneurship Journal, 9(4): 331-350.

Andries P, Debackere K, van Looy B. 2013. Simultaneous experimentation as a learning strategy: business model development under uncertainty Strategic Entrepreneurship Journal, 7(4): 288-310.

Ansari S, Garud R, Kumaraswamy A. 2016. The disruptor's dilemma: TiVo and the U.S. television ecosystem. Strategic Management Journal, 37(9): 1829-1853.

Barney J B. 1991. Firm resources and sustained competitive advantage. Journal of Management, 17(1): 99-120.

Battistella C, Biotto G, de Toni A F. 2012. From design driven innovation to meaning strategy. Management Decision, 50(4): 718-743.

Bellman R, Clark C E, Malcolm D G, et al. 1957. On the construction of a multi-stage, multi-person business game. Operations Research, 5(4): 469-503.

Bigelow L S, Barney J B. 2021. What can strategy learn from the business model approach?. Journal of Management Studies, 58(2): 528-539.

Burgelman R A, Grove A S. 2007. Cross-boundary disruptors: powerful interindustry

entrepreneurial change agents. Strategic Entrepreneurship Journal, 1(3/4): 315-327.
Casadesus-Masanell R, Ricart J E. 2010. From strategy to business models and onto tactics. Long Range Planning, 43(2/3): 195-215.
Casadesus-Masanell R, Zhu F. 2013. Business model innovation and competitive imitation: the case of sponsor-based business models. Strategic Management Journal, 34(4): 464-482.
Chandler G N, Hanks S H. 1994. Founder competence, the environment, and venture performance. Entrepreneurship Theory and Practice, 18(3): 77-89.
Chandler G N, Broberg J C, Allison T H. 2014. Customer value propositions in declining industries: differences between industry representative and high-growth firms. Strategic Entrepreneurship Journal, 8(3): 234-253.
Chesbrough H. 2010. Business model innovation: opportunities and barriers. Long Range Planning, 43(2/3): 354-363.
Chesbrough H, Rosenbloom R S. 2002. The role of the business model in capturing value from innovation: evidence from Xerox Corporation's technology spin-off companies. Industrial and Corporate Change, 11(3): 529-555.
Child J. 1972. Organizational structure, environment and performance: the role of strategic choice. Sociology, 6(1): 1-22.
Christensen C M. 2006. The ongoing process of building a theory of disruption. Journal of Product Innovation Management, 23(1): 39-55.
Christensen C M, McDonald R, Altman E J, et al. 2018. Disruptive innovation: an intellectual history and directions for future research. Journal of Management Studies, 55(7): 1043-1078.
Cozzolino A, Verona G, Rothaermel F T. 2018. Unpacking the disruption process: new technology, business models, and incumbent adaptation. Journal of Management Studies, 55(7): 1166-1202.
Demil B, Lecocq X, Ricart J E, et al. 2015. Introduction to the SEJ special issue on business models: business models within the domain of strategic entrepreneurship. Strategic Entrepreneurship Journal, 9(1): 1-11.
Doz Y L, Kosonen M. 2010. Embedding strategic agility: a leadership agenda for accelerating business model renewal. Long Range Planning, 43(2/3): 370-382.
Foss N J, Saebi T. 2017. Fifteen years of research on business model innovation: How far have we come, and where should we go?. Journal of Management, 43(1): 200-227.
George G, Bock A J. 2011. The business model in practice and its implications for entrepreneurship research. Entrepreneurship Theory and Practice, 35(1): 83-111.
Gerasymenko V, de Clercq D, Sapienza H J. 2015. Changing the business model: effects of venture capital firms and outside CEOs on portfolio company performance. Strategic Entrepreneurship Journal, 9(1): 79-98.
Hambrick D C. 2007. Upper echelons theory: an update. Academy of Management Review, 32(2): 334-343.
Lanzolla G, Markides C. 2021. A business model view of strategy. Journal of Management Studies, 58(2): 540-553.
Malmström M, Johansson J, Wincent J. 2015. Cognitive constructions of low-profit and high-profit business models: a repertory grid study of serial entrepreneurs. Entrepreneurship Theory and Practice, 39(5): 1083-1109.
Markides C. 2006. Disruptive innovation: in need of better theory. Journal of Product Innovation Management, 23(1): 19-25.
Martins L L, Rindova V P, Greenbaum B E. 2015. Unlocking the hidden value of concepts: a cognitive approach to business model innovation. Strategic Entrepreneurship Journal, 9(1): 99-117.

McDonald R M, Eisenhardt K M. 2019. Parallel play: startups, nascent markets, and effective business-model design. Administrative Science Quarterly, 65(2): 483-523.

McGrath R G. 2010. Business models: a discovery driven approach. Long Range Planning, 43(2/3): 247-261.

Morris M, Schindehutte M, Allen J.2005. The entrepreneur's business model: toward a unified perspective. Journal of Business Research, 58(6): 726-735.

O'Reilly C A, Tushman M L. 2011. Organizational ambidexterity in action: how managers explore and exploit. California Management Review, 53(4): 5-22.

Penrose E T. 1959. The Theory of the Growth of the Firm.New York: John Wiley and Sons.

Porter M E. 1985. Competitive Advantage: Creating and Sustaining Superior Performance. New York: Free Press.

Porter M E. 1996. What is strategy?. Harvard Business Review, 74(6): 61-78.

Pricewaterhouse Coopers. 2015. A Marketplace without boundaries responding to disruption. [2022-11-20]. https://www.pwc.tw/en/publications/events-and-trends/assets/e270.pdf.

Priem R L, Butler J E, Li S L. 2013. Toward reimagining strategy research: retrospection and prospection on the 2011 AMR decade award article. Academy of Management Review, 38(4): 471-489.

Ritter T, Lettl C. 2018. The wider implications of business-model research. Long Range Planning, 51(1): 1-8.

Sandberg W R, Hofer C W. 1987. Improving new venture performance: the role of strategy, industry structure, and the entrepreneur. Journal of Business Venturing, 2(1): 5-28.

Shepherd D A, Seyb S K, George G. 2023. Grounding business models: cognition, boundary objects, and business-model change. Academy of Management Review, 48(1): 100-122.

Snihur Y, Thomas L D W, Burgelman R A. 2018. An ecosystem-level process model of business model disruption: the disruptor's gambit. Journal of Management Studies, 55(7): 1278-1316.

Snihur Y, Zott C. 2020. The genesis and metamorphosis of novelty imprints: how business model innovation emerges in young ventures. Academy of Management Journal, 63(2): 554-583.

Sosna M, Trevinyo-Rodríguez R N, Velamuri S R. 2010. Business model innovation through trial-and-error learning: the Naturhouse case. Long Range Planning, 43(2/3): 383-407.

Stubbart C I, Knight M B. 2006. The case of the disappearing firms: empirical evidence and implications. Journal of Organizational Behavior, 27(1): 79-100.

Teece D J. 2010. Business models, business strategy and innovation. Long Range Planning, 43(2/3): 172-194.

Wirtz B W, Pistoia A, Ullrich S, et al. 2016. Business models: origin, development and future research perspectives. Long Range Planning, 49(1): 36-54.

Zott C, Amit R. 2007. Business model design and the performance of entrepreneurial firms. Organization Science, 18(2): 181-199.

Zott C, Amit R.2008. The fit between product market strategy and business model: implications for firm performance. Strategic Management Journal, 29(1): 1-26.

Zott C, Amit R. 2010. Business model design: an activity system perspective. Long Range Planning, 43(2/3): 216-226.

Zott C, Amit R, Massa L. 2011. The business model: recent developments and future research. Journal of Management, 37(4): 1019-1042.

附录：基于 CPSED Ⅱ数据库的研究成果

跨校学术团队联合开发 CPSED Ⅱ数据库，产出了丰富的合作研究成果，在《管理世界》《管理科学学报》《南开管理评论》等刊物发表论文 15 篇；在 *Strategic Entrepreneurship Journal* 等国际学术期刊审稿论文 3 篇。部分代表性成果如下所示。

Tang J T, Yang J, Ye W P, et al. 2022. Speaking of opportunities: the effect of language on entrepreneurial alertness. Academy of Management Proceedings, 2022(1).

杨俊, 张玉利, 韩炜, 等. 2020. 高管团队能通过商业模式创新塑造新企业竞争优势吗？——基于 CPSED Ⅱ数据库的实证研究. 管理世界, 36(7): 55-77, 88.

马鸿佳等, "创新驱动的互联网新企业成长路径研究",《管理科学学报》, 已录用。

叶文平, 杨赛楠, 杨俊, 等. 2022. 企业风险投资、商业模式塑造与企业绩效: 基于 CPSED Ⅱ的实证分析. 管理科学学报, 25(12): 1-20.

买忆媛, 古钰, 叶竹馨. 2023. 最优区分视角下新手创业者设立 CTO 的影响因素研究. 南开管理评论, 26(2): 166-176, 187.

韩炜, 高宇. 2022. 高管团队内部非正式社会网络联结与新创企业绩效: 基于商业模式创新的中介作用. 南开管理评论, 25(5): 65-76, 106.

韩炜, 宋朗. 2023. 新创企业团队断裂带与效率型商业模式创新: 基于 CPSED Ⅱ数据库的实证研究. 管理评论, 35(8): 144-156.

韩炜, 高宇. 2022. 什么样的高管团队能够做出商业模式创新？. 外国经济与管理, 44(3): 136-152.